上任后的
100天

[美] 乔治·B.布拉特（George B. Bradt）
[美] 杰姆·A.切克（Jayme A. Check） 著
[美] 约翰·A.劳勒（John A. Lawler）

赵倩 译

THE NEW LEADER'S
100 DAY
ACTION PLAN

中国原子能出版社 中国科学技术出版社
·北京·

北京市版权局著作权合同登记 图字：01-2023-4061。

图书在版编目（CIP）数据

上任后的 100 天 /（美）乔治·B. 布拉特
（George B. Bradt），（美）杰姆·A. 切克
（Jayme A. Check），（美）约翰·A. 劳勒
（John A. Lawler）著；赵倩译 . — 北京：中国原子能
出版社：中国科学技术出版社，2024.2
书名原文：The New Leader's 100 Day Action
Plan:Take Change, Build Your Team, And Deliver
Better Results Faster
ISBN 978-7-5221-3164-1

Ⅰ . ①上… Ⅱ . ①乔… ②杰… ③约… ④赵… Ⅲ .
①企业领导学 Ⅳ . ① F272.91

中国国家版本馆 CIP 数据核字（2023）第 234014 号

策划编辑	杜凡如　王秀艳	**特约编辑**	任长玉
责任编辑	付　凯	**执行编辑**	王秀艳
封面设计	仙境设计	**版式设计**	蚂蚁设计
责任校对	冯莲凤　张晓莉	**责任印制**	赵　明　李晓霖

出　　版	中国原子能出版社　中国科学技术出版社
发　　行	中国原子能出版社　中国科学技术出版社有限公司发行部
地　　址	北京市海淀区中关村南大街 16 号
邮　　编	100081
发行电话	010-62173865
传　　真	010-62173081
网　　址	http://www.cspbooks.com.cn

开　　本	710 mm × 1000 mm　1/16
字　　数	213 千字
印　　张	16
版　　次	2024 年 2 月第 1 版
印　　次	2024 年 2 月第 1 次印刷
印　　刷	北京盛通印刷股份有限公司
书　　号	ISBN 978-7-5221-3164-1
定　　价	59.00 元

前 言

你是一位经验丰富的首席执行官，即将接手一个新组织？还是刚刚走上一线管理者的岗位？抑或介于两者之间？无论你是从外部加入一个新组织，还是在组织内部获得提拔；无论你是领导组织扭转局势或转型，抑或在收购后合并团队，本书都能帮助你以超乎想象的速度把握全局、建立团队、确定方向并取得更高成就。

"我们发现，在新雇用的高层领导者中，40% 的人会在上任后 18 个月内遭到解雇或失败，或者自行辞职。从收入损失的角度来看，这其中的代价是高昂的。从被雇用者的角度来说，这个代价同样不低。它会打击人们的士气。"

摘自海德思哲国际咨询公司（Heidrick & Struggles）对 20 000 项调查所进行的内部研究 ①。

如果 100 天后，一位关键利益相关者被问到："新来的领导干得怎么样？"他回答道："不好说。"这意味着"结论已有分晓，新领导者的成果不尽如人意"。

这些失败的领导者在各方面存在哪些不足？在大多数情况下，他们走向失败，是因为在最初的 100 天内未能处理好某个或多个关键步骤，包括以下几点。

---

① 出自首席执行官凯文·凯利（Kevin Kelly）、布鲁克·马斯特斯（Brooke Masters）在 2009 年 3 月 30 日刊登于《金融时报》（*Financial Times*）的文章《猎头的崛起》（*Rise of a Headhunter*）。

- 无意中向新同事传达了错误的信息，导致自己遭到文化排斥。

- 制定了新战略，却未能获得新团队的认可，也未能获得新团队的信任。

- 未能将其战略付诸实践并取得成果。

- 速度太慢，未能给团队带来改变。

- 在错误的项目上花费大量精力，却没有完成最重要的利益相关者期望他们完成的一两件事。

- 就任后无法适应不断变化的环境。

你必须知道成功完成过渡所需的重要步骤。没有一位新上任的领导者希望失败，然而他们失败的速度却非常惊人。

打一个比方，假设你从埃塞俄比亚开车到肯尼亚。来到边境莫亚莱（Moyale），你下车去办理海关手续，手续办完后，你回到车里。或许你认为现在就可以发动汽车，踩下油门，然后前往最终目的地。但如果你这样做，肯定要出大问题。为什么？

因为当你越过边界，一切都会发生变化。在埃塞俄比亚，人们靠右行驶，但到了肯尼亚，人们需要靠左行驶。所以，你要做的第一件事就是换边行驶！

虽然你可能没有必要了解这一点，但你应该意识到，每个组织都以不同的方式在不同的道路上行驶。如果未能意识到组织之间的差异，并针对这些差异做出调整，你将遭遇失败。因此，进入一个新组织时，你必须融入其中，了解其不成文的规则与文化现状，然后才能做出调整，领导组织走向新的方向。

同时，如果你负责领导私人股本公司下的一个组织，所面临的压力可能更大，因为通过债权和多次套利获得回报的日子已经一去不复返了。为了获得更有竞争力的回报，必须通过增利型并购的改进或整合，创造有意义的价值，如图 0-1 所示。

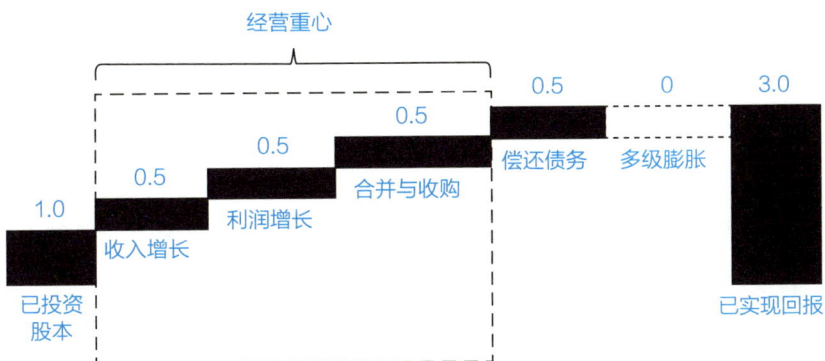

图 0-1　私人股本积累

　　私人股本公司的高管失败率甚至高于平均水平 [根据贝恩咨询公司（Bain & Company）的一项研究显示，失败率接近 50%][1]，这可能也不足为奇。这种失败的影响非常严重，甚至代价更高：在这种情况下，并购退出通常会延迟两年之久，46% 的并购回报降低，82% 的并购持有期延长。

　　无论你要运营大型企业、小型初创企业还是中型企业，创造价值都不是易事，尤其是在必须兼顾转型和速度的情况下。失败率非常高——在走上新岗位的领导者中，40% 的人以失败告终，83% 的收购未能实现预期回报[2]，只有 26% 的转型被认为非常成功或完全成功[3]。但是，在我们的帮助下，你不会重蹈覆辙。

---

①　贝恩咨询公司（Bain & Company），2015 年，《全球私募股权报告》（*Global Private Equity Report*），第 56 页。

②　毕马威会计师事务所（KPMG）研究，玛格丽特·赫弗南（Margaret Heffernan），2012 年，《为什么合并会失败》（*Why Mergers Fail*），哥伦比亚广播公司财经观察（*CBS Money Watch*），4 月 24 日。

③　拉吉夫·钱德兰（Rajiv Chandran），霍顿斯·波特蒂尔（Hortense de la Boutetier）和卡罗琳·杜瓦（Carolyn Dewar），2015 年，《晋升至最高管理层》（*Ascending to the C-Suite*），麦肯锡洞察（*McKinsey Insights*），4 月。

我们基本的深层理念是，上任之初是领导力面临严峻考验的时候，且：

领导是指激励他人并为他人赋能、赋权，使其竭尽全力，实现有意义和有回报的共同目标。

2500多年前，中国哲学家老子对此有一段精妙的表述：

悠兮其贵言。功成事遂，百姓皆谓："我自然"。①

基于这样的想法，我们写作了本书，它是一本实用手册，包含了工具、行动计划、时间表与你需要达到的关键里程碑，推动你与团队在100天内及以后的时间里不断取得成功。

我们的理念来自自身的领导经验与我们在PrimeGenesis公司的工作，PrimeGenesis公司的唯一使命就是帮助领导者和团队在关键的过渡期间更快地取得更高的成就。在我们的所有客户中，百日行动计划已将新领导者的失败率从行业平均水平的40%降至10%以下。我们的十佳客户已经向我们寻求了180多次服务。

自2003年以来，美国运通公司（American Express）和强生公司（Johnson & Johnson）等跨国公司；麦克安德鲁斯和福布斯公司（Mac Andrews & Forbes）、克杜瑞公司（Clayton, Dubilier & Rice）和瑟伯罗斯资本管理公司（Cerberus Capital Management,L.P.）等中型私人股本公司以及红十字会等非营利组织，他们的领导者和团队都实施了百日行动计划。他们在一系列职能部门与复杂的变革中推行该计划，包括高管入职、领导组织扭转局势、重组、转型，以及在收购过程中的领导团队整合。

多年来，我们注意到，许多新的领导者面带微笑地走上新岗位，但他们并没有制订计划。他们与组织都没有事先考虑到这一点。在这些领导者

---

① 意思为：好的统治者悠闲自在，很少发号施令。当事情做成功时，老百姓会觉得这就是本来的样子。选自老子《道德经》第17章。——编者注

上任的第一天，人们用这样的欢迎词来帮助他们树立信心："哦，您总算来了……我们最好给您找间办公室。"

唉！

一些明智的组织会设置一个更加合理的领导者上任流程，让员工为领导者的更换做好准备。想象一下，一位新领导者被簇拥着来到一间为他准备好的办公室，办公室里有电脑、开机密码、电话、文件，还有 30 天的任职培训与融入会议日程安排，结果会有什么不同。

会好一点……但仍然不够好。

即使公司已经为你安排好一切，但是，如果你一直等到上任第一天才开始工作，那么你已经落后了。矛盾的是，加速完成复杂转变（如走上新岗位）的最佳方式，是在开始转变之前停下来，投入足够的时间仔细思考，尽早确定一套计划，然后在实施之前做好准备。

作为领导者，你必须让所有利益相关者围绕一个共同的目标和一系列目的工作，设定一个令人信服的方向，建设一支有凝聚力的领导团队，并营造一种具备卓越执行力的文化。

事实证明，这些都是领导者在复杂局势下所面临的最困难的任务，如果时间紧迫，这些任务的挑战性将进一步提升。

准备一个流程和一套工具，可以帮助你利用入职后的前 100 天来应对这些挑战，并推动你在成功之路上不断前进，如图 0-2 所示。

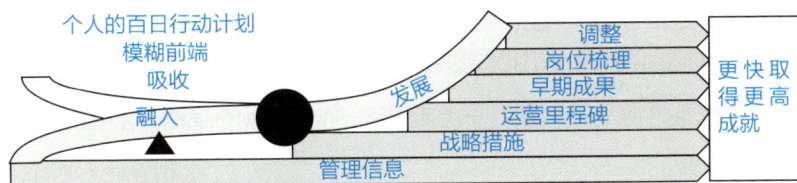

图 0-2 融入与发展

以下是 4 个主要理念：

1. 抢先一步。对于走上新岗位或进入合并团队的人来说，第一天是关键支点。无论哪种情况，你都需要立即行动，加快工作进度。利用上任前几个星期的时间做好准备，可以帮助你树立信心，尽早积累优势能够让你走得更远。

2. 管理信息。你的一举一动都会传递信息。人们会通过你所说、所做与未说、未做的一切来获取信息。你需要选择和引导他人去看什么、听什么，以及何时看与听，而不是听天由命或让别人为你做选择。在上任之前就要开始这个过程，尽最大努力去思考你想传达的重点信息，并在前进过程中不断调整。

3. 明确方向，组建团队。上任后 100 天内是建立一支有凝聚力的高效能团队的最佳时间。如果你打算在没有团队支持的情况下靠一己之力解决组织的当务之急，你必将遭遇失败。作为团队领导者，你个人的成功与整个团队的成功密不可分。

4. 保持势头，交付成果。虽然上任后 100 天内是启动沟通、团队建设与核心实践的冲刺阶段，但如果在后续阶段只是坐视事态的发展，那么这 100 天的努力就会付诸东流。你必须提升自己的领导力、领导方法与文化，从而使你点燃的星星之火燃烧起来，不断取得成果。

这 4 个理念以高效能团队和组织的框架为基础，并贯穿全书。因此我们需要进行一些必要的解释。首先是针对小标题的解释。

- 高效能团队和组织由围绕共同目标的人员、计划和实践组成。

- 战术能力将战略与执行联系起来，确保优秀的战略不会因执行不力而失败。

- 团队的战术能力有 6 个组成部分：文化塑造沟通、当务之急、里程碑管理、早期成果、职能管理与持续发展。

● **人员、计划和实践**

组织和团队业绩的基础是人员、计划和实践围绕共同目标的统一。为此你需要将有能力的人安排在合适的岗位上，给予合适的方向、资源、权力和责任；明确计划中包含的战略和行动步骤；提供使人们能够系统、高效地通力合作的实践方法。这一切的核心是一个清晰易懂、有意义且有回报的共同目标。

战术能力

战术能力是团队在困难重重且复杂多变的情况下完成工作，并且果断、迅速、高效地将战略转化为战术行动的能力。它是连接战略与执行之间的重要桥梁，如图 0-3 所示。

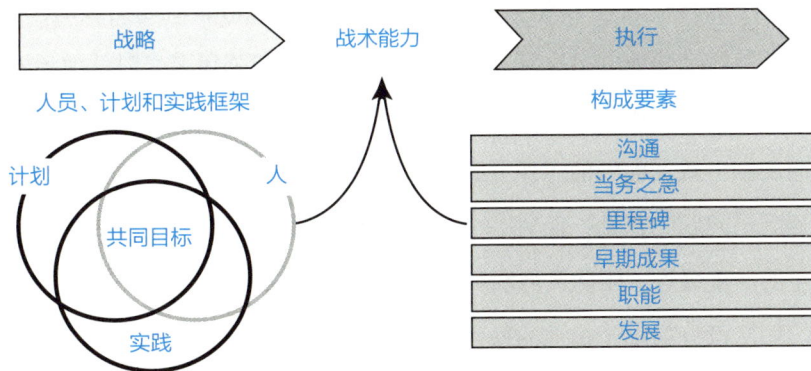

图 0-3　战术能力

行动迟缓的团队往往方向不明，大部分决策依靠领导者。相反，具有强大战术能力的高效能团队会为每位团队成员赋权，团队成员和领导者高效沟通，为不断出现的不可避免的问题制订关键的解决方案，并迅速将其付诸实践。

这样做的目的是提高响应的质量。为此，团队成员需要通力合作。高效能团队以战略和计划为基础，有能力的人可以通过有效的实践方法，快速采取与时俱进的响应行动。

能够生存下来的物种，并不是那些最强壮的，也不是那些最聪明的，而是那些最能适应变化的物种。

——查尔斯·达尔文（Charles Darwin）

或许你已经发现了这一点。在过去工作的团队中可能有这样一些成员，他们在孤立的环境中工作，没有上级的明确指示就无法行动。他们可能了解战略，也拥有所需要的资源，但任何变动或变化都会使他们束手无策。

事实上，在卡特里娜飓风（Katrina）来袭前几个月，美国联邦紧急事务管理署（Federal Emergency Management Agency）就在新奥尔良（New Orleans）进行了应对强飓风的演习。但是，由于实际情况超出预期，没有人能够灵活准确地做出反应，致使该计划在第一股强风袭来时就泡汤了。

相反，美国国家航空航天局（NASA）的成员在阿波罗13号遭遇危机期间团结一致，他们的工作方式充分体现了其战术能力。从"休斯敦，我们遇到了问题"开始，面对一个戏剧性的糟糕现实——一场在太空飞行中发生的严重爆炸，团队灵活顺利地采取了应对措施。

团队没有局限于标准的操作流程，也没有拘泥于设备的"设计用途"，而是探索它"能做什么"。通过紧密的即时协作，团队在几分钟内完成了正常需要几个小时才能完成的工作，在几小时内完成了正常需要几天才能完成的工作，又在几天内完成了正常需要几个月才能完成的工作。在将机组人员安全送回家的过程中，战术能力的几个构成要素发挥了至关重要的作用。

1. 文化深入人心。在整个救援任务中，每一次沟通都巩固了"永不言败"这一信念。

2. 团队任务原本是"登月采集岩石标本"。遭遇危机后，团队的当务之急转变为"将这些宇航员安全送回家"。这足以激励（这也是当务之急必须发挥的作用）团队成员暂时放下细枝末节，齐心协力解决当前的主要问题。

3. 团队的里程碑非常明确：让飞船掉头，保存足够的电力以备返航，解决一氧化碳问题，让宇航员平安回到地球等。

4. 解决一氧化碳的问题后，宇航员们得以维持生命，这项早期成果使团队对其他任务充满信心，从而帮助宇航员安全返回地球。它为所有人树立了信心。

5. 每个人的工作目标一致，但分别承担着不同且重要的职能。一个小组想出了让宇宙飞船掉头的办法。另一个小组解决了氧气不足的问题。还有一个小组计算出返航的各项数据，其他成员则尽一切努力完成任务。

6. 解决了当务之急后，美国国家航空航天局马上采取严密措施，将风险降至最低，并将效益最大化，从而对继续前进的标准操作程序进行发展完善。

也许你并不会陷入像阿波罗13号那样崩溃的境地，但在今天的环境中，几乎所有的领导层换届都是"紧急着陆"，你必须快马加鞭才能有成功的机会。

百日行动计划

如本书各章所述，百日行动计划概述了领导者上任的过程，首先融入一个组织，然后共同确定组织的当务之急，推动组织发展，从而更快取得更高的成就。

抢先一步

1. 为成功做好准备。获得工作机会，确保该职位适合自己，避免常见错误。

2. 利用模糊前端（fuzzy front end）[①]。接受录用后立即开始工作。

管理信息

3. 把握第一天。给人们留下深刻的第一印象，明确你要传达的信息。

4. 发展文化。利用多样性。

5. 管理沟通。特别是与远程团队借助数字手段的沟通。

明确方向，组建团队

6. 将工作重心转向战略。在 30 天之内明确共同的当务之急。

7. 推动运营责任制。在 45 天内融入里程碑管理。

8. 在 60 天内确定早期成果，并在 6 个月内交付成果。

9. 建立一支高效能团队。在 70 天内完成对团队的调整、培养、赋能、指导。

保持势头，交付成果

10. 在 100 天内不断提升和调整自己的领导力、实践方法、团队和文化。

文化

从很多方面来看，领导力是一种构建文化的能力。无论如何定义，文化都是将组织凝聚在一起的黏合剂。

本书聚焦关键事件，如加入新组织、领导组织扭转局势或整合团队，

---

① "模糊前端"原指新产品正式开发流程之前的发散型创新活动。本书借用此概念，指代领导者接受任命后到上任之前的阶段。——译者注

它们都是加速文化变革和成就的机会。这些转变可以弥合领导者及其新团队之间的鸿沟，以及理想与现实之间的差距。

你必须在自己的入职过程中充分理解该组织的文化并有意识地培养自己具备该组织的文化，特别是在以下情况下。

- 准备面试时（回答文化适应问题）。

- 完成背景调查时（以消除组织、职能与个人的隐患）。

- 选择你的入职方法时（将企业的变革需求与文化上的变革准备以及你自己的风险状况相结合）。

- 融入组织文化时。

- 发展组织文化时。

文化因素对合并后的成功整合尤为重要。在整合的过程中，文化往往被忽视，在 2009 年举行的"合并后整合大会"（Post Merger Integration Conference）上，70% 的被调查者承认存在这一问题；92% 的被调查者表示，更深入的文化理解将大大有利于合并。大部分被调查者将文化方面的困难归咎于"整合中的领导不力"，只有极少数人将问题归咎为"目标选择错误"，前者人数是后者的 5 倍！[1] 这表明文化至关重要，文化整合是真正见分晓的时刻，而在文化整合的过程中，领导力发挥着重要的作用。

沟通始于倾听

贯穿本书的另一条线索是沟通。因为每一件事都能传递信息，因此本书的每一个步骤和每一个章节都有针对沟通的指导。

一个让很多人感到震惊的理念是，在上任之前就要着手设计重点信息。领导者会发现，在了解情况之前，他们无法做到这一点。因此在面试

---

[1] 克莱·多伊奇（Clay Deutsch）和安迪·韦斯特（Andy West）:《论合并整合》（*Perspectives on Merger Integration*），麦肯锡，2010 年 6 月。

和背景调查阶段，你需要了解有关组织及其优先事项和人员的大量信息。如果你了解的信息足以帮助你获得并接受这份工作，那么你也有足够的信息来构筑上任之初需要传达给众人的信息。竭尽所能地思考，构思一条假设性信息，并用它来指导你未来的学习。

以此为背景，以下是百日行动计划的步骤与本书各章的内容梗概，如图 0-4 所示。

图 0-4　新领导者的百日行动计划

● 让本书为你所用

此刻你应该意识到，也许有一种更优化的方法来管理过渡阶段，而不是直到上任首日才出现在办公室里，或者直接按晋升通知走上新岗位或进入合并的新团队，按照他们的指示行事。同样，你也可以采用更优化的方法来使用本书，而不是从第一页开始，一直读到你兴趣全无。

这是一本可以灵活使用的操作手册，它分为三个部分：本书所述内容，可下载与可编辑的工具以及 primegenesis.com/tools 网站上的更多注释与内容。也许你想从第 2 章末尾的"百日工作表"，参见工具 2.1，或者网站上提供的百日工作表示例开始。也许你更喜欢从每章的小结开始，或者直接阅读本书正文。不管怎样，你可以选择最适合自己的阅读方式，将本书的价值发挥到极致。

人们经常对我们说："这些都是常识，但我喜欢你们所用的结构。"（有人说:"你将我每天早上上班前淋浴时所进行的批判性思考汇总在一起了!"我们会让你用自己的方式去想象。)

请注意,你需要更快采取行动,其速度要超出其他人的预想。百日计划是基于新领导者面对危急情况时的需求,他们必须迅速达到预期或者有超出预期的表现,但具体到个人,必须根据自身情况进行调整,制订适合自己的百日计划。我们提供了多个选项,但你必须自己做出选择。希望你在新的领导岗位上取得成功,希望本书能够帮助你和你的团队以超乎想象的速度取得更加丰硕的成果!

PART1 **第一部分**
新领导者的百日行动计划

PART2 **第二部分**
特殊情况下的领导力计划

第一部分
PART 1
新领导者的
百日行动计划

第1章 为成功做好准备

● 获得工作机会，确保该职位适合自己，避免常见错误

融入			调整	发展		
	第一天		30	45	60	70	100

为成功做好准备 → 利用模糊前端 → 把握第一天 → 奠定领导基础 → 共同确定当务之急 → 实行里程碑管理 → 争取早期成果 → 重整团队 → 调整与进步

正如前言中所说的，本书有四个主要思想。

1. 抢先一步。

2. 管理信息。

3. 明确方向，组建团队。

4. 保持势头，交付成果。

当你着手为成功做准备时，你需要知道，领导力因人而异。你所传达的信息是开启人际联系的钥匙。你对行为、关系、态度、价值观和环境的偏好与你进入或创造的新文化之间的一致性越高，这些人际联系就越牢固。因此，最有效的信息不是精心设计出来的，它们会自行显露。伟大的领导者通过行动传递信息，并非因为他们有这样的能力，而是因为他们必

须这样做。"我别无选择，这就是我的立场。"①

一个组织的文化是其成员集体性格的体现。了解自己对行为、关系、态度、价值观和环境的偏好，有助于理解和解释自身性格，帮助你确定自己与可能要加入的新组织的契合程度以及你将如何影响该组织的文化。

在这一过程中，一定要考虑几方面的认知变化，如工作环境（远程办公与现场办公）、工作与生活平衡、多样性、公平性和包容性以及劳动力与领导层中新生代的融入。

你需要投入时间确定事情的重要性，暂停那些重要性较低的工作，并且了解你的偏好与性格随时间推移发生了哪些变化。明确你对行为、关系、态度、价值观和环境的偏好与你能在其中茁壮成长的组织文化之间有哪些必然的重叠。

了解自己的优势、动机和偏好，这将帮助你更好地做出适合自己的职业选择，使你能够在面试中更加准确地定位自己（先推销自己然后再选择是否接受），并帮助你进行有针对性的背景调查，从而降低风险。

"我真希望在接受工作之前读过这一章！"这样的话我们已经听过多次。

● 文化优先

从许多方面来看，领导力是一种构建文化的能力。无论如何定义，文化都是将组织凝聚在一起的黏合剂。文化经常受到关键事件的影响，如新领导者加入组织、并购后的组织整合或发生重大的外部事件。这些时刻提

---

① 选自 1521 年马丁·路德 (Martin Luther) 在沃尔姆斯会议上的发言，当时他被要求放弃其早期著作中的观点。

供了加速文化变革与创造更高成就的机会。文化变革的目的是消除当前状态和理想状态之间的差距，从而更好地帮助团队履行组织的使命，实现组织的目标。

文化差异越大，适应或改变的难度就越高。了解最重要的文化差异，然后制订计划消除差异，这样才能获得真正的力量。

一些人将文化简单地定义为"我们在这里做事的方式"。还有一些人则进行复杂的分析，以便从更加科学的角度定义文化。但在这里，我们将这两种思维融合成一种可实施的方法，将文化定义为组织的行为（behaviors）、关系（relationships）、态度（attitudes）、价值观（values）和环境（environments），简称为 BRAVE。相对而言，BRAVE 框架更方便应用，它提供了一种相对可靠的方法来确定、理解和改变文化。它使文化变得真实、有形、可识别并且易于谈论。

用 5 个问题从外向内逐一分析 BRAVE 的构成要素将大有帮助，见表 1–1。

表 1–1　BRAVE 框架

要素	问题	实质
环境	组织环境如何？	（背景）
价值观	重视什么？为什么重视？	（目的）
态度	如何取胜？	（选择）
关系	如何建立联系？	（影响）
行为	有什么影响？	（执行）

在评估文化的每一个要素时，要设定一个可以浮动的数值范围（比如 1~5）而不是采用绝对值。每个文化构成要素的具体维度可能因情况而异。

或许你会发现，本章最后的工具 1.1 中的要素与维度很有帮助。

在你上任后的 100 天内及以后，在你部署行动、工具和沟通时，必须考虑它对文化的影响。许多组织专家认为，从长远来看，文化是组织唯一真正可持续的竞争优势。

关于文化的注意事项

在整个百日计划中都不可忽视文化，特别是当你面临以下情况时。

· 准备面试时（回答文化适应问题）。

· 完成背景调查时（消除组织、岗位与个人的隐患）。

· 选择你的入职方法时（对比企业的变革需求与文化上的变革准备）。

· 融入组织文化时。

· 发展组织文化时。

简言之，考虑你在上任后 100 天内以及以后做出的或没有做出的每一个选择对文化的影响。

● 先推销自己

要获得新的领导职位通常需要进行面试。如果你在面试过程中记住以下三件事，就可以在面试中取胜。

第一件事：你不能拒绝或接受一个你还没有获得的工作机会。

第二件事：面试中只有三个基本问题。

第三件事：所有的面试问题都可以用三个基本答案来回答。

第一件事

接受一份工作之前，你必须先得到这份工作的就职邀请，然后才能决定是否接受这份工作。不要弄错了步骤顺序。你最初的重点应该是获得工作机会。如果你还没有得到工作机会，就开始想象或假设自己已经获得了这个职位，那么你就无法将全部精力集中于现实情况，还会浪费自己的时间。一旦收到录用通知，你就要改变自己的方法。

在面试过程中，你所做的每一件事都是为了获得这个工作机会。这不仅包括你对面试问题的回答，还包括你向对方提出的问题。在这一阶段，你提出的问题并不是为了帮助你决定是否接受这份工作，而是帮助面试官们决定是否向你提供这个工作机会。先推销自己，确保自己能够获得这个工作机会。然后，在拿到录用通知后，再分析这份工作是否适合你。

第二件事

面试中只有三个问题。你被问到的每一个问题以及你在面试中向对方提出的每一个问题，都从这三个基本问题衍生而来。

1. 你能否胜任这份工作？

2. 你是否热爱这份工作？

3. 我们能否接受与你共事？

用更传统的方式来表述这三个问题。

1. 你的优势是什么？

2. 你是否有动力承担这份工作？

3. 你是否适合这份工作？

总结起来就是优势、动机、匹配度。这些问题可能会以不同的方式出现，但万变不离其宗。因此，在面对每个问题时，你的任务是确定它属于上述三个问题中的哪一个。

第三件事

因为面试中只有三个基本问题，因此你在回答时也只有三个基本答案。

你在面试中给出的每个答案都应该从以下三个答案中衍生而来。

1. 我的优势与这份工作相匹配。

2. 我的动机与这份工作相匹配。

3. 我非常适合这个组织。

这三个答案足矣。针对不同的问题，你的答案可能会更加详细，但万变不离其宗，任何一个答案都是上述三者之一的变体。

因为面试中只有三个问题和三个答案，所以你要做的就是提前准备好三个答案，并确定你被问到的问题属于三个问题中的哪一个。这样一来，你可以在任何面试中所向披靡。

但坏消息是，在每次面试前准备这些问题的答案，需要做的工作之多远超你的想象。面试其实是推销解决方案。这些问题与你无关，它们是面试官的需求和问题，而你就是解决方案。因此，你可以将面试过程视为一个机会，借此展示自己的观察能力、倾听能力与解决组织和面试官的问题的能力。

如果面试官知道自己在做什么，他们就不会拘泥于狭隘的问题（和解决方案），而是通过一套更宽泛的标准（优势、动机和匹配度）来发现你的技术专长。如果面试官不知道自己在做什么，那么你可以让他们用正确的方式看待问题。但无论是哪种情况，你都必须从他们的角度提出解决方案。深思熟虑、充分准备，这是面试成败的决定性因素。它是一项棘手的任务，但值得你投入时间。

问题1：你能否胜任这份工作？或者更常见的形式是：你的优势是什么？（优势）

答案1：准备三个情景/行动/结果的示例。针对那些对面试官最重要的领域，从短期和长期的角度，突出你所具备的相关优势。这不仅涉及你从职位描述、招聘人员与面试官那里了解到的信息，还要考虑近期事件（竞争对手的动向、市场变化、经济政策、全球变化、政治变化、危机等），它们可能预示着工作要求会发生变化。

此外，虽然是违反常规的，但你要努力在90%的面试中"失败"。你的目标不是得到每一份工作，而是找到合适的工作。与其说60%的工作基本适合你，不如说90%的工作都不适合你，你应该成为10%的工作的"必选之人"。如果你在回答面试问题时始终关注优势、动机与匹配度，那么你可以根据自己的才能、现有的知识、实践技能、来之不易的经验和文化适应性来寻找合适的工作。这样的工作才是你真正擅长的工作。

问题2：你是否热爱这份工作？或者更常见的形式是：你想做什么？（动机）

答案2：讨论你正在申请的职位与你的价值观的匹配程度。聪明的面试官往往会先问："你为什么想要这份工作？"他们立刻就能判断出你更关心他人利益，还是想做自己擅长的事，抑或更加关注自身利益。你的回答一定要与面试官以及你所面试的组织所看重的东西联系起来。

问题3：我们能否接受与你共事？或者更常见的形式是：你喜欢与什么样的人共事？（匹配度）

答案3：讨论你对行为、关系、态度、价值观和环境的偏好与组织在这些维度上的文化的匹配性。

在某些情况下，如果岗位说明不够清晰明确，无法满足你的需要（这种情况很常见），那么你可以想象自己正在进行一场面试，该工作要求一位新领导者率领一个新团队共同解决一个具体问题或满足一个特定的需求或目标。要想成功通过面试，你可能需要像一个管理顾问那样，帮助决策者和团队成员更加充分地了解问题或需求，然后传递信心，让大家相信，在你的领导下，一切问题都会迎刃而解。

热点提示

在面试中，你的一举一动都很重要：想象你的言行举止会被录像，并展示给最终决策者，这样可以避免你犯过于离谱的错误。正因如此，你必须利用与组织中每个人的每一次互动，强化你的优势、动机与匹配度。被录用之前，你所做的一切都应以获得工作机会为目的。

● 七个致命的地雷

在上任后的 100 天内，你经常会遇到各种各样的问题，这些问题就像地雷一样，通常是隐蔽的、难以被察觉，等到你发现它们时，却为时已晚。意识到这些地雷的存在，并学习如何预测地雷，才能降低它们潜在的破坏力。学会安全地解除地雷，这将帮助你安全抵达成功的彼岸。

地雷会一直存在，但它们最容易隐藏在你上任后的 100 天之内。要知道，在过渡期及以后，你始终要想办法减轻这些地雷的危害。

警告！

接下来我们将逐一讨论这些地雷，但实际上它们经常组合出现，并且会相互影响。暴露于一种风险之下也会增加其他风险，届时失败就会以可怕的且往往是无法遏制的势头袭来。

此外，如果采用远程面试，或组织的外部环境复杂多变，或整个面试团队彼此脱节，那么判断地雷是否存在就变得更加困难。出现这种情况时，一定要从公司内部和外部多方面地收集信息。

地雷 1：组织

组织中地雷的形成，往往是因为组织缺乏清晰、简洁和有针对性的制胜策略。

没有人愿意乘坐一艘注定要沉没的船。有些人能在这种风险中茁壮成长，他们渴望扭转乾坤。让一位能够扭转局势的专家进入一个知道自己需要立即进行重大变革的组织，这是一回事；让一个不擅长扭转局势的领导者加入一个需要变革却尚未有变革意识的组织，这是另一回事，其后续必将麻烦不断。

减轻地雷危害、解除地雷的最佳时间：接受工作之前。

解除地雷的方法：尽早尽快地向组织内外人员询问一些棘手问题，借此收集信息。

地雷 2：职位

如果预期、资源或关键利益相关者无法保持统一，你会遇到职位地雷。很多时候，新领导者一开始就承担了几乎不可能完成的工作，因为他们的期望往往不切实际，或者出于某种原因难以实现。

如果一位领导者接受了一个对组织来说都十分陌生的职位，且该职位"处于"现有职能和部门之间，那么很有可能出现职位地雷。

减轻地雷危害、解除地雷的最佳时间：接受工作之前。

解除地雷的方法：了解有关以下几个方面的矛盾与不确定性：（1）你的职位和职责；（2）可交付的成果；（3）时间表；（4）决策权；（5）相互作用；（6）对基本资源的获取。

地雷 3：个人

个人方面的地雷来自你对这份新工作的影响。如果你的优势、动机以及与工作的匹配度和岗位要求存在明显差距，这些地雷就可能被触发。高管们通常认为自己的优势与某个特定职位相匹配，但事实并非如此。关于优势的假设通常基于自己先前的成功，却并未深入评估自身优势与特定情况的匹配程度。也许新工作听起来与你之前的工作并无二致，但它的动态变化范围可能完全不同，需要全新的技能组合。如果忽略了这一因素，领导者往往难以意识到，自己可能不具备胜任新工作必备的某些优势。但愿你不会如此。

减轻地雷危害、解除地雷的最佳时间：接受工作之前。

解除地雷的方法：向自己提一些棘手问题，比如你是否真的具备胜任这项工作所必需的优势、动机和匹配度。

地雷 4：关系

如果无法识别、建立并维护与上级、同级和下级的关键关系，你会遭遇关系地雷（这些关系可能会缠绕在一起，不断相互影响，一定要当心！）。这些关键关系对你的成功至关重要。在整个组织中，你在上级、同级和下级中都能找到利益相关者。

如果你未能满足其他关键利益相关者或外部影响者的需求或议程，你可能会感受到一些影响。但问题是，你可能不知道影响已经开始了，而它可以在你不在场甚至不知情的情况下出现并不断扩大。如果你没有付出足够的精力，也缺乏效率，无法与直接下属建立一个高效能团队，最终就会埋下地雷。如果你未能理解或确认利益相关者的期望，或者利益相关者的期望频繁变化，那么你显然进入了雷区。最后，准备不足和后续沟通不力往往是触发这些地雷的主要原因。

很多高管常常在毫不知情的情况下触发了关系地雷。这种情况尤为棘手，因为有时踩中一个地雷的后果在几个月甚至更长时间内都无法显现。更糟糕的是，你可能仅仅因为忽视了一个关键利益相关者，甚至没有意识到某个人也是关键利益相关者，结果就被地雷击中："我太忙了，没有时间去联系他。""他有这么重要吗？他只不过是投资者关系的负责人！"

对于变革推动者来说，关系风险尤其严峻。这些人往往怀有英雄主义情怀，认为自己是组织的救世主。这不成问题，有时候他们是对的。但是，当新领导者表现得像救世主时，问题就出现了。没有人愿意看到这种情况，特别是那些需要被拯救的人。不要做救世主，要做一个团队的领导者。历史上已经有无数战死在外、未能归家的英雄。

减轻地雷危害、解除地雷的最佳时间：接受工作之后到上任之前。必须持续不间断地进行这项准备工作。

解除地雷的方法：建立一个 360 度关系罗盘，利用它来应对潜在的挑战和地雷。不断对上级、同级和下级中的利益相关者进行评估，确保没有遗漏任何对你获得成功至关重要的人。通常情况下，你的老板、人力资源部门、亲密的同事，甚至是招聘人员，都有可能帮助你发现自己遗漏的利益相关者。不要惧怕向他们咨询。

地雷 5：学习

如果未能掌握 6C（客户（customers）、合作者（collaborators）、文化

（culture）、能力（capabilities）、竞争对手（competitors）、环境（conditions））的所有关键信息，那么你已经在学习方面埋下了地雷。高管们常常忽视上述某一方面的重要性，或者低估一个或多个方面的重要性。如果未能针对每个方面制订学习计划，就会大大增加埋下地雷的可能性。

如果你不知道自己需要了解哪些内容——或者更糟的是，你还不知道自己不了解哪些内容，那么你身边一定埋伏着大量的地雷。你需要了解什么？至少，你需要掌握 6C 中每个方面的关键信息，尤其是与你的业务的真实价值链有关的信息。如果根据我们的指南进行 6C 分析，你所收集的信息将大大降低学习地雷的风险。

学习是必不可少的。你被视为积极的学习者，与你积极地学习几乎同等重要。你肯定听过这样的话："理解他人"[①]，"不要带着答案前来"[②]，"智慧源于好奇"[③]。你应该听过很多不同的表述，因为它们都是经过实践验证的建议。请注意，你需要学习，并且需要让他人看到你的学习欲望，不仅要学习与企业有关的"硬事实"，还要学习决策过程、沟通方式等文化因素。

减轻地雷危害、解除地雷的最佳时间：接受工作之后到上任之前。必须持续不间断地进行这项准备，特别是在接受工作后最初的 60 天。

解除地雷的方法：通过不同的渠道持续学习，彻底掌握 6C。

地雷 6：交付成果

最后的关键问题是交付成果。它的重点不在于你做了什么，而在于你

---

① 史蒂芬·柯维（Stephen Covey）：《高效能人士的七个习惯》（*The 7 Habits of Highly Effective People*），纽约：西蒙与舒斯特，1989 年。

② 迈克尔·沃特金斯（Michael Watkins）：《创始人：新管理者如何度过第一个 90 天》（*The First 90 Days*），波士顿：哈佛商学院出版社，2003 年。

③ 引自苏格拉底（Socrates）名言。

取得了哪些成果。如果你能够交付成果，组织可能会容忍你其他方面的错误。如果你正在领导一个团队，而团队无法交出任何成果，那么你也无法交付成果。在上任 100 天后，最危险的地雷就是没有快速组建一支高效能团队，从而在预计的时间框架内交付预期的结果。

减轻地雷危害、解除地雷的最佳时间：上任 100 天之内。

解除地雷的方法：明确清晰、真实的可交付成果与交付时间表；获得关键利益相关者的认可；授权团队，共同执行。

地雷 7：调整

到了这一步，你已经可以妥善地处理一切事务，但如果未能注意到不可避免的形势变化，并对其做出反应，那么新的地雷又会出现。计划与管理不是静态的，你必须敏锐地意识到团队的动态变化。忽视了对环境进行持续调查并做出相应调整的必要性，就像船长起航驶向目的地，但面对复杂多变的海洋和天气条件却未能调整自己的船帆。

情况会发生变化，你和你的团队需要做出改变。有时可能只需要进行细微调整，有时需要推倒重建。如果你没有意识到改变的必要性，不了解如何有效地进行调整，或者你对眼前的变化反应过慢，都会导致风险增加。

减轻地雷危害、解除地雷的最佳时间：视情况而定。

解除地雷的方法：积极跟踪调查业务环境、结果和组织变化；寻求利益相关者的反馈；了解变化的原因和影响；快速修正航向。

你可以自己选择。要么利用我们建议的方法发现并评估和降低这些风险，要么在事后给我们发一封电子邮件："真希望在我接受那份工作之前能读读这一章！"你并不是孤军奋战。

● 接受工作之前进行背景调查

我应该接受这份工作吗？要知道这个问题的答案，你需要对风险程度进行充分的评估。几乎没有人愿意做背景调查，几乎没有人喜欢做背景调查，也几乎没有人知道如何做好背景调查。人们似乎不想破坏获得工作机会的美好时刻。无知可能是一种幸福——直到先前未能察觉的东西显露出来并击中你的脑袋。

背景调查的核心是从多个渠道收集信息并加以分析，从而了解决策中存在的风险。正如本书所讨论的所有内容一样，用心思考和有条不紊的方法将有所帮助。不要害怕听到负面消息。在最坏的情况下，背景调查可能会有力地证明，这份工作不适合你；而在最好的情况下，背景调查可能会帮助你在上任之前准确地了解自己将面临的挑战。最好在接受工作之前就知道自己处于哪种情况。

● 接受工作前降低风险

为了避免去承担不可能完成的任务，你需要将风险评估的重点放在几个最重要的领域。在接受工作之前，必须收集以下几个方面的信息，回答有关组织、职位和个人风险的三个基本问题。

首先使用工具 1.2 进行一次完整的 6C 评估，然后根据评估结果进行 SWOT 分析。

完成信息收集、分析与思考后，接下来你该怎么做？将风险分为低风险、可控风险、危及任务的风险和不可克服的风险，然后采取相应的行动。风险分类时可以借助工具 1.4。

● 小结与启示

- 文化——了解自己在潜在工作机会的背景下的文化偏好和优势。
- 先推销自己——先取得工作机会。你不能拒绝尚未收到的邀请。所以，在做选择之前先推销自己，根据所面试的组织的需求确定自己的优势、动机与匹配度。
- 背景调查——在接受工作之前进行充分的背景调查，了解你在七个致命地雷（组织、职位、个人、关系、学习、交付成果和调整）中面临的风险水平。
- 管理风险——在必要的帮助下适当进行风险管理。

你应该问自己的问题

文化——我了解自己的文化偏好吗？我的偏好与组织的文化是否匹配？

先推销自己——是否有例证可以支持我回答三个面试问题？

背景调查——我是否通过足够多的渠道进行了充分的背景调查？

管理风险——我是否了解风险？我是否考虑过管理这些风险的方法？

工具 1.1　BRAVE 文化评估 / 偏好

如表 1–2 所示，对于以下每个构成要素，按 1~5 分进行评估，其中 1 分表示左列中的文字描述完全符合偏好，5 分表示右列中的文字描述完全符合偏好。为你的偏好与组织偏好打分。如果你想到了其他子要素，可将其添加进表中并进行评估。找出你与组织在偏好上的最显著差距，并确定能否或如何弥补差距。

表 1-2　个人偏好评估

环境——组织环境如何	
工作场所 远程、虚拟、开放、非正式的	1-2-3-4-5 现场、封闭、正式的
工作 - 生活平衡 将健康与福利放在首位	1-2-3-4-5 将近期生产力放在首位
推动因素 人 / 人际关系 / 社会	1-2-3-4-5 技术 / 机械 / 科学
价值观——重视什么以及为什么重视	
关注重点 为他人 / 环境、社会和公司治理 （ESG）做贡献	1-2-3-4-5 关注自身利益 / 做自己擅长的事
风险胃纳 风险更高 / 收益更高（自信）	1-2-3-4-5 维持现状 / 尽可能减少错误
学习 开放 / 共享 / 价值多样化	1-2-3-4-5 针对性 / 个体化 / 一心一意
态度——如何取胜	
战略 高价 / 服务 / 创新	1-2-3-4-5 低成本 / 低服务水平 / 最小可行性
关注重点 不同于竞争对手	1-2-3-4-5 与市场领导者一致
姿态 主动 / 创新突破	1-2-3-4-5 被动 / 可靠的稳定进展
关系——如何建立联系	
权力、决策 分散 / 可进行辩论	1-2-3-4-5 集中控制 / 独裁
多样性、公平性、包容性 欢迎、重视、尊重所有人	1-2-3-4-5 只和与自己相似的人合作
沟通、控制 非正式 / 口头 / 面对面	1-2-3-4-5 正式 / 指向性 / 书面

续表

行为——有什么影响	
工作单位 以组织为单位，团队相互依存	1-2-3-4-5 以独立的个人为单位
纪律 机动 / 灵活（指导方针）	1-2-3-4-5 结构化 / 纪律严明（政策）
委派任务 激励、赋能、赋权、信任	1-2-3-4-5 以任务为中心的限制性管理

工具 1.2　6C 分析

在入职过程中，思考以下几个方面的问题，利用该框架及时、主动地收集信息并得出结论。请参考工具 1.3，并根据信息进行 SWOT 分析（优势、劣势、机会和威胁），帮助你从以下几个方面得出结论。

- 资源、驱动因素、收入的阻碍因素、价值。

- 当前战略 / 资源部署：是否一致？是否充分？

- 洞察力和情景

1. **客户**（一线客户、客户链、最终用户、影响者）

根据细分市场，从需求、希望、偏好、忠诚度、策略、价格、价值的角度进行分析。

一线客户 / 直接客户

- 总体机会——整体市场，各细分市场的客户量。

- 现状——客户量，客户利润。

客户链

- 客户的客户——整体市场，各细分市场的数量。

- 当前各细分市场客户的战略、数量和赢利能力。

最终用户

- 偏好、消费、使用、忠诚度和价格价值数据，以及对我们的产品与竞争对手的产品的看法。

影响者

- 影响客户和最终用户做出购买和使用决策的关键影响者。

2. **合作者**（供应商、商业同盟、合作伙伴、政府、社区领导者）

- 针对外部和内部利益相关者（上级、同级和下级）的战略、利润、价值模型。

3. **文化**

- 行为——有什么影响（实践）？

- 关系——如何建立联系（沟通）？

- 态度——如何取胜（选择）？

- 价值观——重视什么以及为什么重视（目的）？

- 环境——组织环境如何（背景）？

4. **能力**

- 人（包括管理风格和质量、战略传播、文化、价值观、规范、重点、纪律、创新、团队合作、执行、紧急情况与政治）。

- 运营（包括业务流程的完整性、组织结构的有效性、措施与奖励之间的联系、公司治理）。

- 财务（包括资本和资产的利用以及投资者管理）。

- 技术（包括核心流程、信息技术系统与支持性技能）。

- 关键资产（包括品牌与知识产权）。

5. **竞争者**（直接竞争者、间接竞争者、潜在竞争者）

- 战略、利润／价值模式、各细分市场的利润池、自豪感来源。

6. 环境

- 社会 / 人口——趋势。

- 政治 / 政府 / 监管——趋势。

- 经济——宏观趋势与微观趋势。

- 市场定义、流入、流出、替代品——趋势。

- 国际公共卫生事件与全球气候变化对组织的影响。

工具 1.3　SWOT 分析 [①]

表 1-3 详细解释了 SWOT 分布的四个方面。

表 1-3　SWOT 分析

内部　　　　　　　　　　　　　　　　　　　　　　　　　　外部

优势 〉	关键杠杆点	〈 机会
劣势 〉	业务问题	〈 威胁
	可持续的竞争优势	

优势	组织的内部因素——我们超越竞争对手的方面
劣势	组织的内部因素——我们不如竞争对手的方面
机会	组织的外部因素——我们可以利用的方面
威胁	组织的外部因素——我们担忧的方面

关键杠杆点

机会，我们可以借此发挥自身优势（利用这些杠杆点取胜）。

业务问题

威胁，由于自身的劣势致使我们容易受到它的影响（在这些方面不能

---

① 优势：Strengths；劣势 Weaknesses；机会：Opportunities；威胁：Thrents 。——编者注

失败）。

可持续的竞争优势

可持续较长时间的关键杠杆点。

工具 1.4 风险评估

针对以下各要素，按 1~4 级评估其地雷的风险水平：1 级 = 低；2 级 = 可控；3 级 = 危及任务；4 级 = 不可克服。然后对风险进行排序，评估总体风险。

组织：评估组织的战略和执行能力的风险（1–2–3–4）

（寻找组织可持续的竞争优势）。

职位：评估利益相关者的期望与资源匹配度的风险（1–2–3–4）

（了解哪些人对该职位有所忧虑，并采取哪些措施来应对他们的忧虑）。

个人：评估你在优势、动机和匹配度上存在差距的风险（1–2–3–4）

（了解具体是哪些因素为你赢得了这个工作机会）。

关系：评估在建立和维护关键关系的能力方面所存在的风险（1–2–3–4）。

学习：评估在获取足够信息和知识的能力方面所存在的风险（1–2–3–4）。

交付结果：评估在建立高效能团队以尽快交付结果的能力方面所存在的风险（1–2–3–4）。

调整：评估在发现或应对未来形势变化的能力方面所存在的风险（1–2–3–4）。

评估总体风险：

如果总体风险相对较低，只需采取常规措施（但需要保持警惕，以应对不可避免的变化）。

如果总体风险可控，需在正常的工作进程中进行风险管理。

如果总体风险危及任务，需在接受这份工作前解除风险，或在做任何其他事情之前降低风险。

如果总体风险不可克服，应马上离开。

本 | 章 | 小 | 结

领导力因人而异。你自己对行为、关系、态度、价值观和环境的偏好与你进入或创造的新文化之间的一致性越高，它们之间的联系与你的组织理念就越稳固。请注意，当你融入组织时，不要急于分享自己的想法，你需要先争取这样的权利。根据你的重点信息来构思问题，不需要宣之于口也能传达出你所关心的信息。

伟大的领导者会用行动传递信息——并非因为他们有这样的能力，而是因为他们必须这样做。正如马丁·路德所说"这是我的立场，我别无选择。"了解自己的优势和文化偏好，这将帮助你更好地做出真正适合自己的职业选择，在面试中找到更准确的自我定位（先推销自己然后再选择是否接受），并帮助你进行彻底的背景调查，从而降低风险。

在这一过程中，一定要考虑以下几方面的认知变化：工作与生活的平衡、健康和福利、人际关系、多样性、公平性和包容性，以及在远程和线上办公的情况下领导团队、构建文化所面临的挑战。

📅 第2章 接受录用后立即开始工作

● 利用模糊前端

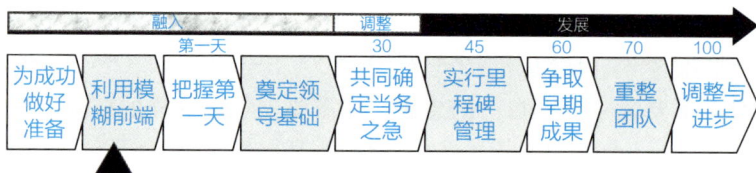

警告！

如果你已经走上了新岗位，那么这一章可能会令你感到不安。本章提供了很多上任前需要付诸实践的建议。如果你希望比其他人更快接管团队、建设团队并取得更高成就，最好的方式就是比他人抢先一步，赢得更多时间。

不管你愿不愿意，当你成为一个符合领导岗位要求的候选人时，你的工作就已经开始了，当然，真正的开始是在你接受这份工作之后。在新领导者走马上任之前，他的一言一行就已经开始释放强有力的信号。

在接受录用到上任之间的模糊前端是一个黄金时期。能够充分利用这一阶段的领导者在上任后的初期表现明显更加优秀。而那些未能抓住这一阶段的领导者往往会经历一些挫折。方法很简单，充分利用这段时间，做好计划，做好准备，投入时间与精力建立人际关系，学习并进行信息传递，倾听。

● 选择合适的上任时间

争取时间的一个巧妙方法是选择自己的上任日期。如果能够灵活选择——但未必总是如此——你可以协商入职日期，延长模糊前端，这样一来，你就有更多的时间进行一些有益的活动。或者，你可以将实际入职与公开宣布入职的时间分开。这样一来，你可以在正式上任之前先向上司报到，从而在开始正式处理日常工作之前，以雇员的身份完成一系列事情，延长模糊前端。

● 时间越长越好

起初，纳撒尼尔（Nathaniel）并不认可在正式上任前就开始工作的理念。他想休息一段时间，然后精神饱满地走上新岗位。此外，正式上任前就要求开会，这让他感到不自在。最终，他同意在上任前尝试采纳我们的几条建议。

一周后，他给我们发来电子邮件，其中有这样一段话：

"我已经接触了一些未来要共事的同事和代理商，向他们介绍了我自己。你说得对，这么做带来了很大的改变。每个人都热情坦率地做出了回应，这将使我在最初几周的工作变得更加高效和愉快。"

正如后文与工具2.1（个人百日工作计划表）所述，通过以下六个步骤，可以进一步利用好模糊前端。

1. 根据你所面对的环境和文化，确定领导方式。

2. 确认关键利益相关者。

3. 竭尽所能地思考，设计上任之初要传递的信息。

4. 建立关键关系，加速学习。

5. 处理个人事务并筹备办公室。

6. 分别制订上任第一天、最初几天与前 100 天的计划。

● 1. 根据你所面对的环境和文化，确定领导方式

第一步是确定组织的变革需求与变革准备。你所面对的环境（构成环境的种种情况）决定了你应该以什么样的速度采取行动（变革需求）。当前的文化决定了你能够以什么样的速度采取行动以及行动能够取得的效果（变革准备）。

从分析环境开始

在确定变革的必要性时，关键问题是：考虑到组织的商业环境、历史和近期业绩，变革的必要性有多高？需要以多快的速度实施变革才能实现组织的使命和目标？

1. 商业环境。在进行背景调查时，你已经通过 6C 分析评估了商业环境。务必找出以下各方面的发展趋势：客户、合作者、文化、能力、竞争对手和环境。

2. 组织历史。了解组织是如何达到当前状态的，从而深入认识变革的驱动因素以及团队成员对当前情况的判断依据。尽可能回顾更早的历史，

了解创始人的意图、发展进程中的英雄人物，以及人们经常挂在嘴边的故事和传说。

3. **近期业绩**。在分析近期业绩时，要向表面之下挖掘。了解整体数字的组成部分，分析哪些方面表现好，哪些方面表现不好。找出绝对结果和相对结果、近期趋势、积极和消极的驱动因素，分析它们是暂时的波动还是持久的障碍。使用章末的工具 2.2 帮助你进行环境评估。

4. **对职位的期望**。现在，将面试和背景调查时对方向你（针对你的职位和团队）解释的雄心勃勃的期望、目标和变革与你对商业环境、组织历史和近期业绩的分析进行对比，确定组织能否实现这些期望和目标。这些期望是否符合当前的商业环境、公司历来的运营方式或近期的经营业绩。经过上述分析，你将了解需要以什么样的速度实施变革以及自己所面对的转折点有多么明显。

了解整体文化与特定个人，评估变革的准备情况

确定组织的变革需求后，现在需要评估组织在接受、拥护、领导和适应变革等方面所做的文化准备。提前为变革做准备，需要将自我意识、意志、技能和能力相结合。组织成员必须了解变革的需要，有变革的愿望，具备实施变革的专业知识，并有能力承担与变革相关的其他工作。

你对这方面的最初了解来自在背景调查期间你所进行的（或现在应该做的）文化评估。当你与合并或重组后的团队共事时，应与新的领导团队一起，评估整合后的组织或新组织对变革的准备情况。

热点建议

不要局限于公开的文化，这并不是说人们会对自己的偏好撒谎，只是价值观阐述和信条往往能够激励人心。你必须了解"当

老板不在时"人们默认的行为规范、关系、态度、价值观和工作环境。它们可以更加准确地体现组织的真正文化，而不是你在公司网站上能够看到的文化定义声明。

确定你的领导方式

你已经评估了文化变革的必要性以及团队对变革的准备情况。现在，你已做好准备，可以选择通过吸收（assimilating）、融入与发展（converging and evolving）或撼动组织（shocking）（简称 ACES）的方式来合理应对组织现存的文化。

决定接受这份工作之后，对领导方式的选择可能是你在上任之前要做出的最重要的决定。如果做出了错误的选择，虽然也有补救的可能，但难度相当高。你的选择取决于你即将面对的环境及现存文化对变革的准备情况。利用章末的工具 2.3，针对你的具体情况，选择最适合自己的方法，如图 2-1 所示。

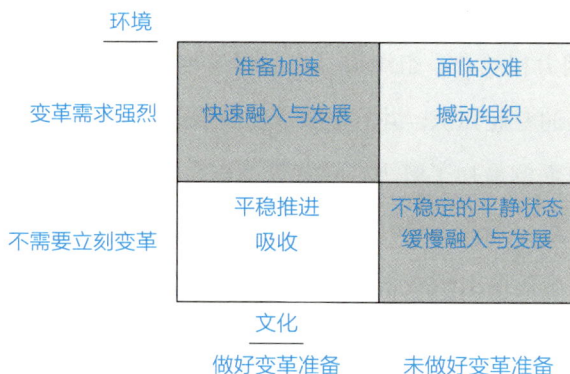

图 2-1　环境与文化决策工具

这是一个至关重要的选择，倘若你能够进行充分的分析，遵循以下指导原则，就可以找到正确的方法。

吸收。如果经分析发现，目前组织不需要立刻进行变革以实现预期结果，并且组织已有一支富有凝聚力的团队，为变革做好了准备，那么你可以选择吸收的方式。你可以与团队和利益相关者一起，逐步找出需要做出微小改变的地方。这种情况对你非常有利，但极为少见。

在大多数情况下，你需要选择融入与发展的方式。如果选用这一方式，需注意自己的推进速度。

缓慢融入与发展。如果经分析发现，目前不需要立刻变革，但需要逐步进行一些细微的调整，从而彻底实现预期目标，但组织文化尚未对变革做好准备，无法支持这种必要的调整，那么你可以采用缓慢融入与发展的方式。倘若选择了这种方式，你需要先成为组织的一部分，然后逐步进行必要的调整。这类变革往往从思考变革的小步骤开始，然后随着时间的推移按部就班地实施。

快速融入与发展。如果经分析发现，组织需要立刻进行大刀阔斧的变革，以实现预期结果，且组织文化已经为变革做好了准备，那么你可以采用快速融入与发展的方式。你可以成为催化剂，帮助组织意识到变革的紧迫性。关键词是"快速"——太慢就会遭遇失败。

撼动组织。如果组织必须立即进行变革以实现预期结果，但组织文化尚未做好变革准备，那么你需要采取撼动组织的方式。必须颠覆系统才能使其生存下来，并立刻行动。这个过程将充满艰难险阻。要知道，这么做面临巨大的风险，而且你最终可能会成为牺牲的英雄，为继任者铺路，让他继续完成转型，而你自己只能"战死沙场"。请注意，能用到这种方式的情况也极为罕见。

作为领导者，你需要根据具体情况确定自己需要做什么

完成现状评估并确定了领导方式之后，你需要努力思考自己应在行为上做出哪些改变，从而更好地领导团队。与过去的领导风格相比，在新的领导岗位上，你的整体风格需要在哪些方面进行加强或减弱？在这个新岗位上，你需要强调哪些行为？因此，利用本章末尾的工具 2.4，你要如何调整在各职能部门或计划中为"实践"与"管理/领导"分配时间的方式。

需要特别注意合并、重组、扭转局势与转型

如果你领导的团队即将被合并或重组，那么融入与发展几乎是最佳方式。单纯采用吸收的方式会导致效率过低，可能永远无法让人们意识到协同效应的好处。如果采用撼动组织的方式，你将错失机会，难以阐明职能并利用对未来的愿景招募新的参与者。请记住，如果人们对自己的职能以及新组织中的同事和合作者缺乏信心，就不会关注战略，也难以执行整合后的新愿景（无论这个愿景对高管来说多么明显或令人兴奋）。

在扭转局势或转型的过程中要做好准备，采取"撼动组织"或"快速融入与发展"的领导方式，因为变革的需求强烈，紧迫性由此产生，团队需要集中精力并确定一条新的成功之路。

选择合适的领导方式至关重要。尽早思考这个问题，通过充分的初步评估来确定领导方式，在模糊前端验证你的假设，然后在上任之前重新评估你的选择。最后，尤其是在上任的最初几天和几周内，在你对组织文化接受和适应变化的能力有了更强烈的感受后，敦促你的上司和其他值得信赖的关键利益相关者放慢或加快你变革的速度。

● 2. 确定关键利益相关者

　　模糊前端的第二步是确定关键利益相关者。这些人对你能否在新岗位上取得成功的影响最大。许多处在过渡期的高管没有全面思考这个问题，或者只通过一个方向寻找他们的关键利益相关者。另外一些人则犯了一视同仁的错误，试图取悦所有人。为了避免这些错误，你需要从各个方向寻找关键利益相关者。

　　上级利益相关者。可能包括你的上司，如果是一个矩阵型组织，还要包括你的间接上司、上司的上司、董事会、上司的助理，或者组织中的其他高层人员。

　　同级利益相关者。可能包括重要的盟友、同事、合作伙伴，甚至是想与你竞争同一岗位但未能成功的人。高管们经常忽视的同级利益相关者包括关键客户、顾客、供应商和合作伙伴。你需要兼顾组织的内部和外部。

　　下级利益相关者。通常包括你的直接下属、这些下属的直接下属以及其他对成功实现团队目标至关重要的关键人员。你的行政助理应该处在这个名单的前列，因为他们往往可以充当你的"耳目"。

　　过去的利益相关者。如果你是从内部晋升或平级调动的，请务必将之前岗位上的上级和下级利益相关者考虑在内。其中一些人仍有可能影响你在新岗位上的成败。

　　内部委员会。无论内部委员会的成员在层级中的职能是什么，他们都有一定的影响力，因此你应该给予其特殊对待。你要像对待董事会成员一样对待他们，不要在会议上令他们措手不及，确保他们有机会私下为你提供非正式的建议。尽早做好准备，将自己定位为一位渴望并欢迎内部委员会反馈的高管。

　　一些关键利益相关者显而易见，而另一些往往具有隐蔽性，不易被发现，因此，在确定关键利益相关者的名单时，积极咨询你的人力资源联系人、上司、前任、好友或导师。在整个过程中尽量增加名单上的人数——至少在开始时需做到这一点。忽视关键利益相关者可能会对新领导者产生毁灭性的影响，并且扼杀你成功过渡的机会。

同样，在整个过程中也要尽可能体现出对他人的尊重。如果你不确定利益相关者在名单中的位置，那么最好将他放在重要的位置上。像对待上级利益相关者那样对待同级利益相关者，或者像对待同级利益相关者那样对待下级利益相关者，这不会让你陷入麻烦。反之，则可能会麻烦不断。明确有关多样性、公平性、包容性的机遇和风险，确保给予每个人他们应得的尊重。

确定忠诚者、贡献者、旁观者和抵制者

不可避免的是，一些利益相关者会支持你要做的事情，但有些人会抵制，有些人会袖手旁观。他们分别被称为忠诚者、贡献者、抵制者和旁观者。

忠诚者。忠诚者的驱动因素是目标、事业与为他人做贡献的精神。他们相信并将不惜一切代价实现预期结果。通过简单的直接沟通让他们投入其中，这种沟通会触动他们的情绪，并使其发自内心地相信你们要共同完成的事情。

贡献者。他们与你拥有共同的愿景，并一直在为变革而努力。他们往往是公司新人或刚刚接手某一职位，因此他们看到，与坚持过去相比，执行新领导者的计划将获得更高的回报。你需要与这些人结为盟友。

抵制者。这些人安于现状，害怕自己看起来无能，认为自己的价值观、权利受到威胁，担心对重要的盟友造成负面影响。他们可能已经在这个岗位上工作了很长一段时间，因此对他们来说，与支持一个看起来有风

险的变革所获得的收益相比，放弃当前状态所造成的损失更大。

旁观者。这些顺从者的驱动因素主要是对他们自己有利的因素，他们关注自己的基本需求。顺从的人不会伤害组织，但他们不是变革的主要推动者。他们按照吩咐做事，绝不多做。他们是你的旁观者，可能会持续旁观。你的目标是让他们意识到自己需要做什么，并确保他们能够完成。

有些人已经愤然离去。他们不相信这个变革的机会、愿景或行动号召。他们无法完成组织需要他们做的事情。他们完全脱节，从而成为抵制者。如果他们未能迅速对新消息做出反应，那么你需要尽快让他们离开。

当前处在权力高层的人可能会抵制变革，因为他们的损失大于收益。虽然情况未必总是如此，但在与这些人建立联系时，你需要经过特别的深思熟虑，如图 2-2 所示。

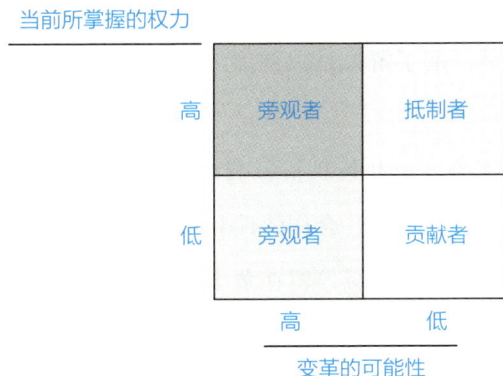

图 2-2　权力与变革

作为领导者，你能用于影响团队的精力是有限的。总方针是让每位影响者朝着正确的方向走好每一步。一般来说，积极联系忠诚者，然后提高贡献者的忠诚度，再将一些容易被说服的旁观者转变为贡献者。不要试图一下子就把抵制者变成贡献者。试着先将抵制者转变为旁观者，然后随着时间的推移，尽可能使他们成为贡献者。至于那些始终不配合的人，你需要让他们离开。

最后我要谈一谈入职伙伴（onboarding buddies）。在模糊前端做准备时，不要放过任何一个向同事或团队中其他有经验、有影响力的成员寻求支持的机会。

在回答以下每个问题时，请牢记你的整个目标受众。

- 他们目前在想什么，在做什么？对他们来说什么最重要？
- 他们需要做什么以停止、维持或改变他们的工作方式？
- 他们需要了解哪些东西，才能从当前状态转变到你所期望的状态？

在合并与扭转形势的过程中深入挖掘，识别关键利益相关者

如果要领导一个合并后的整合团队，你需要花费更多的时间，与被收购公司的领导团队一起了解谁是关键参与者和影响者，因为这些人未必全部身处高位。

同样，负责实施变革并且具备影响力的人员对局势的扭转至关重要，他们往往处在一线，与客户、合作伙伴和现场团队的成员合作，设计并实施改进和创新。不要将目光只停留在董事会会议室和领导团队中，尝试找出那些隐藏的拥护者。

● 3. 根据当前的最佳想法，设计上任之初要传递的信息

模糊前端的第三步是设计上任之初要传递的信息。

与任何利益相关者交流之前，请仔细观察与你进行沟通的对象。尽可能具体，涵盖可能产生影响的每个人和每个团体，包括你的目标对象、他

们的主要影响者和其他影响者。

接下来，你需要阐明自己的首要信息。

构思和部署你的信息，这离不开你的一言（和未说出的话）一行（和未采取的行动）。与利益相关者交流之前，你需要先知道自己的选择，并专门设计一个你希望在上任之初传递给众人的信息。人们听到的关于你的信息以及你本人的言行，都会在他们的头脑中形成对你的印象，因此你需要尽可能控制这一切。为此，你需要针对自己将为组织带来的变革设计一个信息，并随着学习的深入不断完善信息。

首先，根据你当前的最佳想法，设计上任之初要传递的信息，以此指导学习，并在学习的过程中不断完善该信息。

走上新岗位时，你需要牢记，惯性是一种强大的力量，你不能命令他人做任何不同以往的事情。除非他们认为自己不能再一如既往（即变革的机会），他们会构想一个更美好的未来（即愿景），并且知道自己在解决问题时所发挥的作用（行动号召）。你的重点信息和沟通要点就来自变革的机会、愿景和行动号召。

1. 变革的机会（为什么）。这些事实、激励因素和启示会让你的受众意识到他们需要做一些不同以往的事情（请注意，如果人们得知自己正在做的事情不够好，那么他们可能会消极应对，但对不受自己控制的外部变革机会，他们的反应会更加积极）。

2. 愿景（是什么）。这是一幅有关光明未来的图景，你的受众可以将自己描绘在内。这不是你的愿景，而是他们的愿景。

3. 行动号召（怎么样）。这是受众为实现目标所能采取的具体行动，使他们成为解决方案的一部分。

思考了这些基本问题之后，再考虑在这种情况下如何让自己被视为领导者，并将这些思考的成果总结为一条驱动信息（你的重点信息或保险杠贴纸）和你的沟通重点。请记住，听众总会问："这对我意味着什么？"利用本章末尾工具 2.1 中"信息"栏下的内容来解释这一问题，并使用工具 2.5 规划沟通。

热点提示

一开始可以先大体确定你要传达的信息。当然，不需要在上任第一天或上任之前就去宣扬你的信息。你可以随时间的推移逐渐加以完善，但在明确适合自己、适合他们、适合愿景和当下的信息之前，难免会在无意中传达错误的信息。

---

4. 建立关键关系，加快学习速度

模糊前端的第四步是建立关键关系并加快学习速度。这两项工作相辅相成。为此，你可以在上任前召开会议，并且现在就打电话。在上任之前接触关键利益相关者，这会产生不可估量的影响。但令人惊讶的是，一些高管不愿安排这些会议。他们往往担心遭到拒绝，但实际上这么做很少会遇到阻力。

首先，利用你的关键利益相关者名单，确定上任之前你应该与哪些利益相关者见面、视频交流或谈话。最重要的利益相关者是那些对你在新岗位上的生存和发展至关重要的人。

他们可能包括以下一些人。

- 你的新上司。
- 最有影响力的董事会成员。
- 重要的同事——特别是曾与你竞争新岗位的候选人。

- 重要的消费者与客户。
- 重要的直接下属——特别是业绩出众的员工、具有关键技能的员工、曾与你竞争新岗位的员工，或者有价值且有可能辞职的员工。

利用模糊前端获得真实的答案与想法

尽早与关键利益相关者沟通的另一个原因是，你在上任前得到的答案可能不同于你上任之后得到的答案。上任前后的你并不是同一个人。上任之前，你还不是某个关键利益相关者的员工或上司，你只是一个想要建立联系并进行学习的人。上任之后你会发现，在模糊前端获得的答案几乎都具有极高的价值。

有时，在模糊前端可能无法与潜在的利益相关者会面或召开视频会议，或者潜在的利益相关者可能会拒绝这类会面。即使如此，仅仅是提出提前见面的请求，也足以产生积极的影响。

热点提示

在上任前与关键利益相关者会面，或至少逐一进行视频对话。这一理念的价值远远超出了你在购买本书时所支付的费用。在上任之前联系关键利益相关者，这么做往往会产生巨大的影响，带来显著的改变。

现在你已经为上任前的沟通工作做好了准备，那么接下来必须选择一个合适的沟通方式。如果你能在对话中尽量少说并用心倾听，那么这些对话就是成功的。它们的目的是建立关系与学习。

在一场以"脆弱的力量"为主题的精彩 TED 演讲中，研究学者、故事讲述者布琳·布朗（Brené Brown）解释说，要与他人建立联系，需要让他们实实在在地看见我们，让他们看到我们的脆弱性[①]。这些在上任前进行的对话是让你放下防备、展示脆弱并与最重要的利益相关者建立联系的最佳机会，你可以寻求他们的帮助，从而了解情况、优先事项和"如何在这里做事"。

因为首先要建立关系，所以你的第一个问题可能类似于"介绍一下你自己"这样的问题。你想与各个关键利益相关者建立联系，你想了解他们个人的愿望和需求以及他们的业务问题。这可能也是将你设计的信息传递出去以进行试探的好机会，但请记住，这个信息与你本人无关，所以信息应当简明扼要。因为你的目的是建立关系和学习，而不是讲述你的人生故事或就如何做事提供意见。

构建对话很有帮助。以开放的心态参与这些对话，并积极倾听关键利益相关者的意见。事先规划、深思熟虑，这样才能将对话的价值最大化。将对话分解为学习、期望和实施。本章末尾的工具 2.6 将为你提供帮助。

优势和观点

在了解了一些人的个人情况后，你可以探究他们对总体情况的看法。关注两个关键领域：优势和观点。询问人们成功需要哪些优势和能力，并与他们对现状的看法进行对比。注意不同人所给出的答案的差异。这么做不是为了寻找唯一的真相，而是了解不同利益相关者的观点。这样一来，

[①] 布琳·布朗：《脆弱的力量》（*The Power of Vulnerability*），TED 演讲视频，2010 年

在上任以后，你就可以更好地领导并与他们进行沟通。

收到问题的答案后，你还需要询问一些可以强化其答案的例子。我们都用故事进行交流。从模糊前端开始，不要再提及你的上一个组织，在对话中要将称呼切换成"我们"，以证明你已将自己视为新组织的一员。如果能够妥善处理这些对话，那么你在未来又可以引用几个新的有关"我们"的故事。

期望

与上级、同级和下级的利益相关者进行沟通的目的各不相同。因此，你的问题也应该因人而异。上级利益相关者的期望围绕着优先事项和资源，它们为你指明方向。同级利益相关者的期望是建立相互理解。下级利益相关者的期望则帮助你了解其现状与需求。

这也是一个帮助你检查是否存在"不可触碰者"的绝佳机会。这些不可触碰者可能看起来很奇怪或者与组织或部门的宏大目标不匹配，但它 /他可能是你不应触及的特殊项目或受到保护的人。大多数组织都有一些碰不得的地方。如果未能认识到这一点，这些碰不得的地方就可能成为"雷区"。尽早找出这些地方，然后随它们去吧……至少一开始先这样。

执行

在对话的这一部分，你希望了解控制点（哪些事情可以并且如何被衡量、追踪和报告），如何作决策，以及与人沟通的最佳方式。

不同的组织会使用不同的衡量标准和流程来控制实际发生的事情。你需要了解哪些事项需要被衡量、追踪和报告以及如何进行衡量、追踪和报告，哪些事项难以被公开追踪，却可以暗中观察。

决策权

了解如何作决策，这意味着知道谁利用谁的意见做出什么样的决策。你和其他人可以通过五种方式作决策。

第 1 级：我自己作决策。

第 2 级：我根据你的意见作决策。

第 3 级：你和我共同作决策。

第 4 级：你根据我的意见作决策。

第 5 级：你自己作决策。

一般来说，人们希望用第 2 级和第 4 级的方式作决策（你或你的关键利益相关者根据对方的意见作决策）。无论对方的意见是否决、磋商还是信息，都同样有帮助。

共同决策可能会令人不悦，因为任何人都无法单独作决策，都想避免让自己陷入这种境地。

这部分并不难，更棘手的地方在于了解真正的决策权在哪里。决策权的三个主要来源如下。

决策者（谁做决定？谁制定规则？）。

影响者（谁的意见值得重视、有影响力或控制力？）。

实施者（谁控制实施决策所需资源？）。

在作决策的过程中，有必要考虑上述三者如何相互影响，并且如何影响组织。你的每个关键利益相关者可能都在特定的时间里扮演了其中某一个角色，也可能不属于任何一个角色。重要的是确定关键利益相关者何时可以利用这些权力来源。

沟通偏好

在模糊前端组织会议，了解利益相关者的沟通偏好。特别注意沟通的模式、方式、频率与意见分歧。

- 模式。沟通媒介的类型：电子邮件、文本、语音邮件、面对面等。
- 方式。沟通的风格：更正式、更讲究原则还是更随意。特别注意他们是否喜欢在谈话之前阅读和消化一些内容。
- 频率。人们希望进行沟通的频繁程度：每天沟通、每周进行一次沟通，还是仅在项目完成时进行沟通等。
- 分歧。不同的人喜欢以不同的方式表达意见，包括以下几种情形。

1. 永远不要反对我。

2. 可以一对一地向我提出挑战，但仅限于私下。

3. 可以在团队会议上向我提出挑战，但不要让"自己人"之外的人知道你在想什么。

4. 在任何会议上都可以向我提出挑战，但要温和。

5. 不用客气，因为公开挑战体现了我们想要的文化。

对此进行询问，但不要相信你一开始得到的答案。先从上面几种情形的第一项开始，观察关键利益相关者，特别是你的上司，观察他们如何应对分歧与来自他人的挑战，然后你才能向他们提出不同意见或挑战。

不要相信自己的直觉

作为一位即将走上新岗位的高管，不要相信自己的第一印象与直觉。[1]

---

[1] 乔治·布拉特（George Bradt）：《遵循这位诺贝尔奖得主的建议，助力高管坐稳新职位》（*Follow This Nobel Prize Winner's Advice as an Executive Onboarding into a New Role*），《福布斯》（*Forbes*），2017 年 8 月 9 日。

你对新情况、新团队和新组织的了解远不及你对上一个组织的了解。这意味着，如果在新的岗位上继续以在上一个组织中采用的方式进行思考和行动，那么你将遭遇重重危机。

丹尼尔·卡尼曼（Daniel Kahneman）因对判断和决策心理学的研究而闻名，他称上述思维为直觉思维。在2002年诺贝尔颁奖大会的演讲中，他将直觉描述为"脑海中迅速浮现的想法和偏好，没有经过太多思考"，这是一种缺乏深思熟虑的思维方式，未加控制，无须付出努力，也不受规则约束。如果不考虑自己在可达性、框架和归因等方面的偏见，我们的直觉往往是错误的。

遵循卡尼曼和我们的建议，在模糊前端充分思考。

胜任力

卡尼曼及其搭档阿莫斯·特维斯基（Amos Tversky）的见解与有意识的胜任力模型相辅相成。当人们学习新技能时，会从无意识的无能力（不知道自己不知道什么）到有意识的无能力（知道自己不知道什么，并且对此感到不满），再到有意识的胜任力（可以通过深思熟虑完成工作），直至无意识的胜任力（可以凭直觉行事）。

当你进入一个新组织或一个不同以往的新岗位时，你会从有胜任能力变成无能力。如果未能意识到自己的无能力，就会陷入麻烦，因为你会依赖自己原本的直觉。如果你能够意识到自己的无能力，就可以通过深入思考来提升自己的能力（这种区别就像你从英国坐轮船到法国后，不知道在法国道路上应靠右侧驾驶与知道这一规则的区别）。

● 5. 处理个人事务并筹备办公室

模糊前端的第五步是在入职前管理你的个人事务与办公室设备。如果没有安顿好家庭，那么无论你如何努力，都难以在新岗位上全力以赴。花时间弄清楚住房、学校、交通等事宜，这不是一种奢侈行为，而是事业发展的当务之急。如果你仓促搬家，后续需要解决的问题可能会更多。

同样，确保有人在你上任前为你准备好办公室。办公室不一定要布置得尽善尽美，因为你可以在日后逐步调整，但一定要确保办公室能够体现你的做事风格：正式还是随意，讲究制度还是平易近人。

除了模糊前端之外，没有其他更合适的时机来处理这些事务。如果你只是等待，当每个人开始对你的表现形成第一印象和持久印象时，这些事务就会分散你的精力。本章最后的清单可以帮助你在上任前将一切准备就绪。

最后，确保你的人力资源伙伴能够照顾到你的需求，帮助你融入文化并加速计划实施，这样可以确保你在上任第一天就能发挥影响力。本章末尾的工具 2.7 与 2.8 能够为你提供帮助。

● 6. 分别制订上任第一天、最初几天与前 100 天的计划

模糊前端的第六步是对上任第一天、最初几天和前 100 天进行规划。在模糊前端有很多需要学习的东西。本章列出的工具可以引导你度过这一阶段，但这些工具并非无所不包。相反，应将这个过程视为进入新岗位的起点。如果遵循流程走到这一步，你对新组织的人员、计划、实践和目标都将有相当深入的了解。

通过背景调查与学习收集的信息，再加上你通过上任前的几次沟通所了解的内容，足以使你认清现状，并帮助你弄清楚上任第一天、第一周和前100天要做什么。有了这个知识库，你可以使用本章末尾的工具2.1制订100天的计划大纲。你要做出的最重要的选择之一是针对组织文化的处理方式（撼动组织、吸收或融入与发展）。所以，在上任之前，模糊前端即将结束的时候，你需要再次确认自己的选择。

此处详细介绍的关于模糊前端的方法几乎适用于任何情况，无论是职位、职能还是行业。遵循这一方法，你在更快取得更佳成果的道路上就前进了一大步。有些情况非常特殊，因此需要略微对某些步骤进行强化或增加额外的步骤。在以下五种情况下，你可能需要采取不同的方式来管理模糊前端。

- 远程入职。
- 内部晋升。
- 领导合并与收购。
- 领导组织扭转局势或重建。
- 跨国调动。

我们将在后文留出专门的章节讨论领导合并与收购、领导组织扭转局势或重建。

远程入职情况下的处理方法

出于各种各样的原因，全球的员工都在逐渐远离实体办公室。某些危机加剧了这一趋势，并且我们预计这一趋势将延续下去。员工有这样的需求，技术使之成为可能。因此，你很有可能远程开启新工作，不能与关键利益相关者现场交流。

走上新岗位的高管必须与关键利益相关者在情感和态度层面进行沟通

和联络，以建立信任关系。在足够小的团体和亲密环境中，最好采用视频面对面的方式。

如果由于危机或其他原因，无法保证或不允许组织现场会议，应使用视频会议工具，尽量弥合"物理鸿沟"。面对面的交流往往很有价值，但如果没有机会与利益相关者现场会面，将会出现一段不确定的时间间隔，此时视频面对面交流的价值就更加突显出来。第二个选择是电话。在远程会议中，为人们提供额外的时间和空间来解释他们的感受和态度。

加州大学洛杉矶分校（UCLA）的心理学教授阿尔伯特·梅拉比安（Albert Mehrabian）已在传播学的研究领域耕耘数十载。在《无声的信息》（*Silent Messages*）一书中，他介绍了自己在非言语交流方面的发现，以及一个人及其信息会使他人产生怎样的感受和态度。[1] 他指出以下几点。

- 7% 的感受和态度来自一个人所说的话。
- 38% 的感受和态度来自一个人的辅助语言或者用词方式或语调。
- 55% 的感受和态度来自一个人的面部表情。

无论人们是否喜欢某一条信息与传递该信息的人，情感和态度都是重要的考虑因素。遵循梅拉比安教授给我们提供的建议，高度重视远程入职的流程，尽可能多地进行面对面交流（利用视频会议工具），你将收获最棒的结果。

远程入职还需要更加频繁的互动，将"严格的业务"对话与个人"了解情况"的对话相结合，弥补因缺少饮水机旁的交流机会而造成的损失。在你被迫远离团队的时候，围绕信息共享与问题解决，将不同的小团体混合在一起，也可以帮助你了解组织文化。

---

[1] 阿尔伯特·梅拉比安：《无声的信息》，俄亥俄州梅森：沃兹沃斯出版公司，1971 年。

内部晋升情况下的处理方法

虽然本章的基本内容适用于组织内部晋升与组织间平行调动的情况，但其中仍存在一些重要差异。

你无法控制环境——因此需提前准备：做好准备，根据需要进行调整；了解环境（计划内的、计划外的或临时发生的）；抓住你需要的资源与支持；顺其自然，重新控制局面，或酌情处理棘手的工作。

如果职位是暂时的，你需要弄清楚这意味着"暂时代管，直到我们找到合适的人选，而这个合适人选绝对不是你"，还是"试用期结束后你很有可能要长期承担这项工作"，或者"将这份工作视为一个发展机会，为你通往其他地方铺平道路"。无论哪种情况，你都需要全身心地投入工作，同时回避工作带来的特殊优待，这意味着你要将精力集中在最不知名但影响力最大的任务上，并将荣耀留给他人。

一刀两断不容易。因此要控制自己的信息和过渡期。管理入职通知的逐级传达（参考工具 2.9）。打好基础，确保在以往的领域中继续取得成功，并找到在这个过程中帮助你的人。然后，在上任之前花一部分时间评估前任留下的东西，看看哪些需要保留，哪些需要改变。

没有蜜月期。因为其他人会认为你已经了解了组织的基本情况、组织的优先事项和文化。因此，设定方向或强化方向，并在上任后尽快产生推动力。设定用于发布的战略与实际的战略，然后以适当的速度改进运营并巩固你的组织。

🔵 小结与启示

在模糊前端，你需要做好以下几点。

1. 根据你所面对的环境和文化，确定你的领导方式。

2. 确认关键利益相关者。

3. 竭尽所能地思考，设计上任之初要传递的信息。

4. 建立关键关系，加速学习。

5. 处理个人事务并筹备办公室。

6. 分别制订上任第一天、最初几天与前 100 天的计划。

虽然该方法具有一定的普适性，但特定情况之下仍然存在一些显著差异，例如远程入职，内部晋升，管理组织合并、收购、重组或扭转局势，跨国调动。

你应该问自己的问题

根据你所面临的环境和文化，应采取哪种领导方式？

你的上级、同级和下级的关键利益相关者是谁？在这个过程中我需要向谁寻求支持？

经过深思熟虑后，你可以设计出哪些在上任之初传达的信息？

工具 2.1　个人百日工作计划表

你为什么想得到这份工作？ 填写最初的想法，说明你为什么接受这份工作，为什么这份工作、这个岗位适合你？

工作内容是什么？ 填写公司、头衔、职位、在组织目标和战略背景下（根据你目前所掌握的情况）你与团队应该完成的任务——目标和优先事项、对其他人的影响。这个岗位与你以前的岗位有哪些差异？作为该岗位上的领导者，你需要采取哪些不一样的行动？

他们为什么选择你？ 你为什么能够成为该工作、该岗位的合适人选，针对这一问题写下你的理解。他们最看重你的哪项优势，为什么他们认为你能够在行为、关系、态度、价值观和环境等方面融入他们的文化，从而按照他们的方式完成工作？

基于环境、文化和风险评估的领导方法如下。

1. 环境——组织的变革必要性有多高？从不需要变革到强烈需要变革。

2. 文化——组织对变革的准备情况如何？从未做变革准备到做好变革准备。

3. 组织、职能和个人风险——风险是较低的、可控的、危及任务的，还是不可克服的？

结合上述三个问题，确定你的领导方式：吸收、融入与发展（快速或慢速）、撼动组织（三选一）。

沟通

利益相关者。填写几个最重要的利益相关者的名字、头衔，注意多样性、公平性和包容性的机会与风险。

上级：你的上司，上司的上司，董事会成员（影子董事会成员），主要利益相关者，债权人和其他能够告诉你怎么做的人。

同级：组织内的同事，组织内外的客户和供应商，盟友，互补者，政府，监管机构，社区，媒体，分析师，活动家，博客作者，影响者。

下级：直接下属，有时也包括间接下属。

信息。变革的机会、愿景和行动号召是你的原始素材，用于传达你的重点信息和沟通要点。考虑多样性、公平性和包容性，先关注想法，再关注措辞。

变革的机会：为什么我们必须或可以变革？关注外部环境或期望的变化和目标。

愿景：我们可以描绘出一个什么样的光明未来？成功将呈现何种面貌？

行动号召：我们如何采取具体行动实现目标?

我希望或需要被视为什么样的领导者?

重点信息：能够概括主要思想的重要信息或组织概念（1~5 个词语）。核心思想，以此为基础，通过你的言行举止影响他人的感受。这个核心思想比具体的词语更加重要。

主要的沟通重点：三个重点。

在上任之前

个人事务：（如果需要搬家）处理家庭事宜，筹备办公室所需装置，如宽带、电脑、电话、密码。

快速启动学习：要收集和消化的信息

1. 技术方面的学习——公司的产品、客户、技术、系统和流程。

2. 文化方面的学习——行为、关系、态度规范、价值观和环境，包括多样性、公平性和包容性。

3. 政治方面的学习——如何作决策，谁有权作决策，你需要谁的支持，共同的现实的或不成文的规则。

入职通知：在计划中填写需要在什么时候将你上任的消息通知给哪些人。请记住，那些在情绪上会受此消息影响的人应该比其他人先一步收到通知，并且应一对一地向他们传达通知；对那些会受到直接影响的人，应将通知下达至他们的小团体，这样在间接受影响的大团体通过大众传播获得消息之前，他们可以先提出问题。

进入新组织

a. 与最重要的利益相关者进行现场交流或通过视频进行一对一的沟通。记录你采用了哪种方式。

b. 与其他重要的利益相关者进行电话交流。记录你采用了哪种方式。

内部晋升、重建或合并团队，如果符合这三种情况之一，执行如下步骤，否则可跳过。

a. 确定一支前进的领导团队。

b. 与团队成员进行现场交流或视频会议，让他们恢复信心。

c. 与最初的领导团队召开现场会议或视频会议，共同编写逐级传达的入职通知。

（入职通知需要在何时以何种方式传达给谁——在公开宣布之前、公开宣布期间和公开宣布之后。）

入职第一天与最初几天

明确入职第一天和最初几天的具体行动。与谁会面？什么时间会面？讨论什么内容？传递什么信息？如何强化信息？

填写你正式上任第一天的日期——可能是新的工资单上所写的日期。

填写你实际上任第一天的日期——实际领导新团队的时间。

欢迎会：一般是与所有成员见面并互相问候，不需要进行演讲（如果不能现场进行，你可以发送一段 1~2 分钟的视频，告诉人们你对加入组织并与他们合作的感想）。

新领导者与高层的融入会议：与组织高层中的 15~25 人召开会议（可以采用现场会议或线上会议的形式）。

行动中的信息：传递信息的行为。你是什么样，你做了什么，你说了什么（线下或线上）。

现场会议、现场考察：由利益相关者选择（线下或线上）。

电话、视频通话：由利益相关者选择。

战术能力构成要素

如表 2-1 所示讲述了如何打造一支高效能团队。

表 2-1　战术能力构成要素

战术能力构成要素 如何打造一支高效能团队	
战略	当务之急：为领导团队召开一个研讨会，以共同创建并共同致力于一项令人信服的紧急任务（可以组织现场研讨会或线上研讨会），从而制订商业计划。如果你对团队没有信心，可以采用咨询的形式。填写你要使用的方法（研讨会或咨询，线下或线上）和目标日期（尽量在上任后 30 天内）
运营	里程碑：开启运营过程——尽量在上任后 45 天内完成。 这是你的业务计划的核心——由哪些人在何时完成哪些工作。填写开始日期。 早期成果：必须在上任后 60 天内确定早期成果，从而在 6 个月内交付成果。填写开始日期
组织	职位：选择为团队作决策的日期（然后随着时间的推移执行决策）
沟通	其他重要的沟通步骤，包括每日/每周/每月/季度/年度会议，以更新里程碑、业务回顾、战略、运营和组织计划
变革	采取措施，将贡献者转变为忠诚的拥护者，将旁观者转变为贡献者，让管理层中的抵制者离开，然后随时间的推移在文化中融入变革
个人	加速：自我评估＋利益相关者反馈，以纠正方向并保持势头

1. 关键在于了解组织的核心重点，如图 2-3 所示。

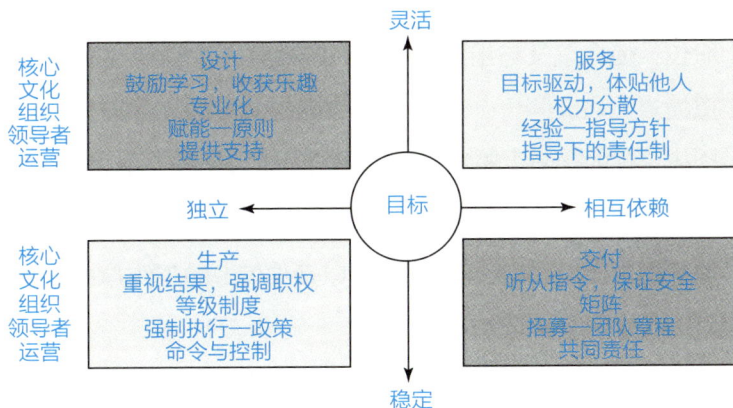

图 2-3　组织的核心重点

2. 通过以下三个方面评估环境。

a. 历史环境——从组织创立至今。

b. 近期成果。

c. 商业环境。

此外也要考虑你的 6C 分析：

客户、合作者、文化、能力、竞争对手、环境 =>SWOT 分析。

3. 从以下几方面入手，评估文化与具体的领导者。

意识。组织是否有变革的意识（低 <=> 高）？

意愿。组织是否有变革的意愿（低 <=> 高）？

技能。组织是否掌握了变革的方法（低 <=> 高）？

能力。组织是否有变革所需的能力（低 <=> 高）？

分析 BRAVE 维度：行为、关系、态度、价值观、环境，一定要考虑以下几方面认知的变化：工作与生活的平衡、健康和福利、人际关系、对气候变化和不平等问题［例如，多样性、公平性和包容性、宗教、性别、性少数群体（LGBTQ）］的立场。

4. 如果你想更深入地评估风险，可以从以下几个方面进行考虑。

- 组织：通过 SWOT 分析、组织的可持续的竞争优势进行思考。

- 职位：使命以及与组织其他部门的联系——维持或发展、启动或重建。

- 个人：你的优势（天赋、所学知识、实践技能、来之不易的经验，在极少数情况下，还有技术层面的艺术关怀和情感）、动机（符合理想的工作标准和长期目标），以及你偏好的工作方式和组织文化之间的匹配度。

工具 2.2　环境评估

商业环境——6C

| 客户 | 满意度低 | ······\|·····\|·····\|·····\|·····\| | 满意度高 |

| 合作者 | 反对 | ······\|·····\|·····\|·····\|·····\| | 支持 |

| 文化 | 不清晰 / 无影响 | ······\|·····\|·····\|·····\|·····\| | 清晰 / 有影响 |

| 能力 | 落后于行业 | ······\|·····\|·····\|·····\|·····\| | 领先于行业 |

| 竞争对手 | 领先于我们 | ······\|·····\|·····\|·····\|·····\| | 落后于我们 |

| 环境 | 不利 | ······\|·····\|·····\|·····\|·····\| | 有利 |

组织历史

创始人的意图；

组织的英雄；

有影响力的故事和传说；

近期业绩

绝对结果与相对结果；

近期趋势；

积极的驱动因素；

消极的驱动因素；

变革的必要性　不紧迫　　······\|·····\|·····\|·····\|·····\|　紧迫

工具2.3 环境、文化映射图

使用此工具来标识组织的变革需求和准备，从而绘制出你的方法。见表2-2。

表2-2 组织的变革需求和准备

变革需求	准备	
变革的需求强烈	快速融入与发展	撼动组织
不需要立刻变革	吸收	缓慢融入与发展

工具2.4 领导方式的改变

从以前职位到新职位的变化记录，如表2-3所示。

表2-3 组织的变革需求和准备

领导组	以前	现在
领导风格		
行为		
时间分配		
正在进行： 项目1（时间百分比） 项目2（时间百分比） 项目3（时间百分比）		
管理/领导： 项目1（时间百分比） 项目2（时间百分比） 项目3（时间百分比）		

工具 2.5　沟通计划

如何制订沟通计划，如图 2-4 所示。

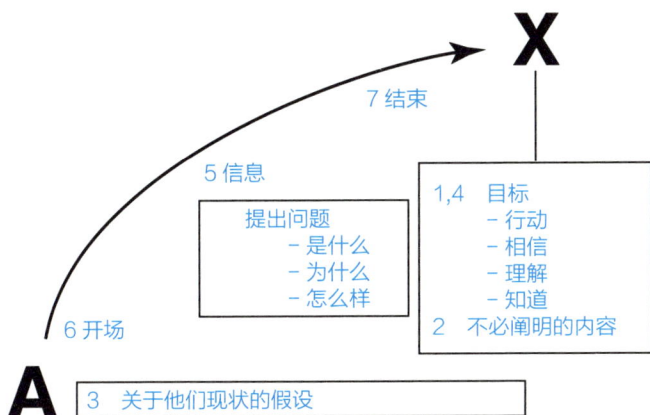

图 2-4　沟通计划

1. 明确你的目的。

你希望听众、支持者有什么样的反应和行为？

你希望他们理解和相信什么，对你有什么评价，做些什么？不希望他们理解和相信什么，对你有什么评价，做些什么？

2. 明确不必阐明的内容。你希望听众对你形成什么样的看法？

3. 评估当前现实。

你的听众、支持者目前理解和相信什么，对你有什么评价？为什么？

制订风险管理计划，包括可能存在的障碍、负面传闻、蓄意阻碍、法律要求、意外结果和意外情况。

4. 根据对听众的假设重新评估目的。

5. 弥合差距。

人们需要知道、理解和相信哪些东西，才能从当前的现实走向你的目标？

6. 确立核心信息和重要的沟通要点（最多五条核心信息）。

7. 包装信息。

应如何包装核心信息以取得最佳效果？

你需要什么样的数据作为支撑？

开场的关键信息是什么？

结束的关键信息是什么？

8. 传递信息。

将信息传递给你的听众或支持者的最佳渠道有哪些？

最佳组合是什么？发布信息的最佳时机是何时？哪些人和哪些事会影响谁？

播撒后续种子的最佳方式是什么？

9. 发展。

如何根据你通过与他人对话和互动所了解的内容来调整你的信息？

工具 2.6　入职谈话框架

在入职谈话中需要提问的问题（除了你通常会问的问题之外，还应加入下列问题）。征求多方看法，未必需要寻找唯一的真理。

1. 学习

你对整体的形势有什么看法？

需要哪些优势和能力？

目前具备哪些优势和能力？有哪些例子？

2. 期望

你认为哪些是关键的优先事项？哪些事项的优先级较低？哪些事项目前碰不得？

有哪些资源可用于这些优先事项？

3. 执行

请告诉我控制点是什么（指标和流程：会议、报告）。

请列举我们做出的一些关键决策。这些决策由谁制定？怎样制定？

有哪些决定可以：①由 A 自己决定；②由 A 根据 B 的意见决定；③由 A 和 B 共同决定；④由 B 根据 A 的意见决定；⑤由 B 自己决定？

与你沟通的最佳方式是什么？（模式、方式、频率、分歧？）

工具 2.7　搬家筹备清单

尽快完成

准备：创建搬家档案，确定邮寄时间等。

选择一个搬家公司。多找几家公司了解情况并听取报价。

研究目的地的学校。选择公立学校还是私立学校？

将孩子的基本信息整理在一个安全的文件夹中，随身携带。

在目的地挑选一位房地产经纪人。

安排出售或出租你当前的住房。

保管好旅行证件（护照、签证等），并安排好家人和宠物的行程。

研究临时性的住房选项，以备不时之需。

仔细检查你的个人物品，找出可以赠送或出售的物品。

开始记录搬家费用以备雇主报销或纳税。

开始收集目的地城市相关资源的信息。

搬家前一个月完成

填写地址变更表。

获取病历档案和牙科记录、X 光片和处方记录。

在目的地城市或国家开设活期存款账户和保险箱。

在行李打包前清点所有物品，最好配上照片。

安排搬家当天所需要的帮手，特别是帮忙照顾孩子的人。

搬家前两周

确认出行计划。

清洗地毯和衣服，打包以便搬运。

将资金汇入新的银行账户，注销原来的银行账户。

咨询你的保险代理人，确保在搬家期间通过你的房东或租户的保单进行承保。

将你的出行路线和计划告知一位亲密的朋友或亲戚。

搬家前一周

更新公用事业服务的地址。

预先安排重要的服务——如安装工作电话。

取回存放在保险箱等处的贵重物品（重要文件、珠宝等）。

搬家当天

将贵重物品收拾妥当，全部带走。将重要文件、货币和珠宝随身携带或使用挂号邮寄。

根据当地的习惯选择是否为搬家工人准备小费。

在合适的地方为搬家工人提供水、饮料和小吃。

入住新居当天

手边准备好电话、相机，以便记录损失情况。

安排人做如下工作：（1）检查物品；（2）将物品放到合适的位置。

在合适的地方为搬家工人提供水、饮料和小吃。

工具 2.8 办公室筹备清单

办公室（谁的办公室）或工作地点

书桌

椅子

办公室体现的风格（威严、正式的，还是平易近人、随意的）

访客座椅

沙发

桌子

橱柜

白板

活动挂图

视听设备

员工编号

安全通行证

钥匙

停车位

个人计算机

笔记本电脑

电子邮箱及系统登录设置

电话及语音信箱设置

手机

文具

文件夹

名片

旅行档案

支持

行政助理

工具 2.9　入职通知的逐级传达

1. 利益相关者（内部和外部）

情绪上受到影响者：

受到直接影响者：

受到间接影响者：

受影响较小者：

2. 信息

变革的机会：　　　　　　　重点信息：

愿景：　　　　　　　　　　信息要点：

行动号召：

3. 宣布入职前的时间线（一对一、小范围、大范围）

宣布前

一对一：

宣布当天

一对一：

小范围：

4. 正式宣布

方式：　　　　　　　　　　时间：

5. 宣布入职后的时间线（一对一、小范围、大范围）

一对一：

小范围：

大范围：

本｜章｜小｜结

现在你已经做出了选择，但尚未开始工作。你可能想做一个深呼吸，放松一下，但请不要那样做。

下一步要做什么，上任之前需要做哪些准备，这一点至关重要。因此，你需要根据当前的实际情况，选择合适的方法，制订计划，然后抢先一步。

选择领导方式的几个维度，如图 2-5 所示。

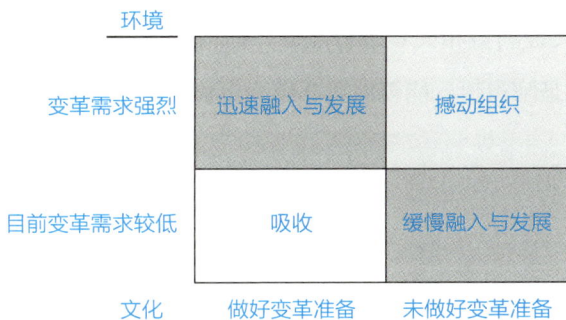

环境

	做好变革准备	未做好变革准备
变革需求强烈	迅速融入与发展	撼动组织
目前变革需求较低	吸收	缓慢融入与发展

文化

图 2-5　ACES 分析

如果你即将加入一家新公司，或者在公司内部获得晋升或转岗，抑或领导私人股本公司、跨国公司或合并团队，那么你需要针对不同的情况采取不同的方法。而变革的商业环境与文化方面的准备将决定你采用的方式是逐步吸收，还是融入与发展，抑或通过骤变撼动组织。

选择了整体方式以及领导者在这种情况下需要采取的不同做法后，你就可以制订百日计划了。该计划以最重要的利益相关者为目标，这些利益相关者可能在组织内，也可能在组织外，他们可能是你的上级、同级或下级。你需要根据现有信息，竭尽全力去思考，从现在到上任第一天需要做什么，上任第一天要做什么，上任后的100天及未来要怎么做。需要做的事情包括提前开启沟通，尽快建立重要的人际关系与学习，并关注个人安置的方方面面。

就职于万事达卡公司（Master Card）的阿杰伊·班加（Ajay Banga）充分利用了模糊前端与上任初期。从他被任命为首席执行官到正式上任，班加利用这段时间，貌似随意但极有针对性地与关键利益相关者进行互动，向他们进行简单的自我介绍："嗨，我是阿杰伊。能否向我介绍一下你自己？"[1]

---

[1] 乔治·布拉特（George Blatt）:《提前准备至关重要：万事达卡首席执行官阿杰伊·班加如何为自己的新领导角色提前规划》（*Why Preparing in Advance Is Priceless: How Master Card CEO Ajay Banga Planned Ahead for His New Leadership Role*），《福布斯》（*Forbes*），2011年2月23日。

第 **3** 章　把握第一天

● 给人们留下深刻的第一印象，明确你要传达的信息

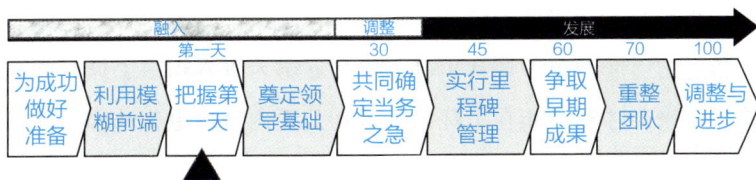

我们的大脑会记住"最初和最后呈现的信息，并倾向于忘记中间部分的内容"[1]。人们会清楚地记住你留下的第一印象以及他们与你进行的最后一次互动。虽然你可以不断更新最后一次互动，但你给人们留下的第一印象不会改变，所以必须谨慎对待。谨慎地选择用语、行动、行动顺序以及你所部署的标志和符号来传达信息。

正因如此，上任第一天成为意义重大的转折点。在这一天，你会给许多对这个新职位有重要影响的人留下不可磨灭的第一印象。与模糊前端

---

[1]　伊丽莎白·希尔顿（Elizabeth Hilton）：《视觉与听觉短期记忆的差异》（*Differences in Visual and Auditory Short-Term Memory*），《印第安纳大学南岸分校期刊》（*Indiana University South Bend Journal*），2001 年第 4 期。

一样，在上任的第一天，你需要重新审视自己对行为、关系、态度、价值观和环境的偏好和方法，并且认真思考你会遇到哪些人，已经开始影响哪些人。

对于上任第一天，我们没有完全正确的管理方法，但有很多错误做法需要避免。这些做法主要针对你给他人留下的第一印象。同一件事会给不同的人留下不同的印象，这取决于他们的态度及其对信息的筛选方式。问题是，在第一次与他们互动之前，你难以了解他们的态度及其对信息的筛选方式。因此，不仅没有一个正确答案，也很难找到适合你的具体情况的最佳答案。请记住，无论你做什么，都是在向关注你的人发送信号，因此务必要谨慎选择。

这也是有必要在模糊前端建立关系并进行学习的另一个原因。利用好模糊前端，至少能够帮助你在忙乱的第一天给关键人物留下良好的第一印象。这样一来，才有可能在上任后的最初几天内做出更佳选择。准备充分的模糊前端，再加上精心设计的第一天，将大大降低给人留下不良第一印象的风险。

● 第一天要做什么？

与其他问题相比，这个问题让我们的客户感到更加棘手。大多数领导者都没有认真仔细地思考和规划他们上任的第一天。实际上，即使是那些在模糊前端做足了准备的领导者，也会被如何安排第一天的问题难倒。出于某些原因，在决定第一天做什么的时候，领导者往往会陷入自满的状态。他们通常会被动地接受别人为他们安排的日程，或者按照领导者入职的传统流程安排第一天的活动：与办公室周围的人见面，按要求填写表格，取出自己的物品并整理办公室。

但你不能这么干。你要亲自掌控上任的流程。第一天的一言一行都会激励他人。不要用老套的激励策略，而要通过有意义的措辞和行动，激发人们对未来的期待。不要低估第一天的重要性。用心规划第一天，确保你的信息能够精准地传达给你最希望接收该信息的人。

领导者的第一天各不相同，因为每种情况下的变量组合都需要不同的应对计划。但在规划第一天时，有一些基本的方针和原则值得参考。

针对个人。作为领导者，你影响着一些人的生活。这些人会想方设法地以尽可能快的速度了解你以及你可能带来的影响。他们可能会急于进行判断。请始终牢记这一点。

顺序很重要。认真考虑上任第一天及最初几天内你与其他人会面的顺序以及你要做的每一件事的时间。做事的顺序应该并且将体现你在新职位上的关注重点。确保你的做事顺序能够传达出你的想法，避免使他人产生误解。

信息很关键。发布信息。明确自己需要说什么，不能说什么，多倾听。要知道，固执己见的冗长介绍与急于证明自己的做法都不适合作为上任第一天的策略。人们总会快速形成观点。在决定何时倾听、何时分享、提问哪些问题、向谁提问以及如何回答他人的问题时，都要牢记这一点。说话时要注意措辞精炼，言之有物。

地点很重要。考虑上任首日你应该在哪里露面。不要默认只在指定的办公室里露面，特别是在远程办公越来越普遍的情况下。

标志与符号很重要。请注意传达信息的方式，并不仅限于语言。思考一下 BRAVE!

时间很重要。上任首日未必等于你开始计薪的首日。你需要确定将哪一天作为"公开"上任（即向新组织介绍你自己）第一天，在此基础上选择做事顺序和地点。如果你需要安排与处在不同时区的利益相关者进行线上会议，那么会议时间的选择也很重要。请注意，不要遗漏需要参会的人，也不要将会议时间安排在他们不方便的时候。

日程安排很关键。你在上任第一天的行动很容易偏离计划。因此可以使用日历，以30分钟为单位规划全天。对于该计划绝不能懈怠。

不要局限于第一天。有些你想做的事情可能不适合上任第一天去做，那么你可以将上述有关第一天的管理方法用于上任的第一个星期。

本章末尾的工具3.1提供了一份清单，帮助你理清有关这些问题的思路。

● 谨慎选择上任第一天的计划

前文的指导方针与你在模糊前端收集的信息，足以让你做好准备，开始规划上任的第一天。寻找能够体现行动效果的指标，并将这些指标纳入你的议程。

许多人已经发现，尽早与组织中尽可能多的成员会面——通过现场会议、视频会议、电话会议等方式——很有价值。这些早期的会议能够让所有人都有机会看到你。你在这些会上所说的内容并不重要，除非你犯了错误，否则大多数人可能只记得你开场所说的"大家好"。如果他们真的记住了什么，那很可能是你希望自己从未说过的话。所以，安全的做法是保持简洁："大家好，很高兴来到这里，请大家多多指教。"此外无须多言。

另一个有用的工具是新领导者融入会议。本章末尾将提供一个模板，参见工具3.2。这个工具简单实用，它列出了会上每个人想问的问题。在这样的会议上，关键群体也能听到你所说的话。这样可以防止A将信息过滤后传递给B，B又将信息过滤后传递给其他人。

谣言总会存在，但来自威廉贾威尔大学（Wilfred Jarvis Institute）的林恩·乌尔里克（Lynn Ulrich）开创了一套新领导者的融入流程，该流程已在通用电气公司（General Electric）得到了深入应用。它能在很大程度上消除大部分谣言、含沙射影和误解。因此，上任后尽早完成这一流程，最好是在第一天就开始。新领导者融入会议适用于多种场景，例如领导者走上新岗位，新的企业主进入收购的组织或私人股本公司新投资后的组织。

新领导者融入会议模型可用于收购整合情况下的入职第一天或早期。本书第 12 章将详细介绍新企业主的融入会议及其他工具和方法。

● 不要做无用功：从这个典型流程开始

尽管所有高管上任第一天所面临的情况各不相同，但遵循一个模式往往会更加容易。当然，你也可以将其他人当前的最佳想法与自己的最佳想法结合起来。

你可以参考以下流程来安排自己的上任第一天。

- 早晨与上司开个早会，确认并更新信息。

- 在饮用咖啡、果汁或类似饮料的地方与大家见面并打招呼，仅打招呼即可。

- 视情况进行一对一会面。

- 举行新领导者融入会议，参见工具 3.2，听取直接下属及其直接下属的报告。

- 下午举行活动、召开会议、散步，用行动传递信息而不是宣之于口，借此强化你的关键信息。

- 通过晚间的鸡尾酒酒会、咖啡时间等社交活动，进行更多非正式的交流。

- 在必要和适当的情况下，发送礼貌的留言、表达感谢的语音邮件或跟进信息。

- 酌情与上司或董事会成员进行简短的沟通，开始培养与利益相关者
  保持联系的习惯。

要理解精心策划上任第一天的意义，最好的方式可能是参考他人上任
第一天的经验。

● 第一天不要做什么

一位新首席执行官聘请了一位新的首席客户官。

即将离任的首席客户官负责制订这位继任者的入职计划。有趣的是，
他制订了这样一个计划。

- 通过新闻稿向所有人（包括客户）宣布新首席客户官就任。
- 让新首席客户官的注意力集中在仅占总业务 8% 的业务部门。
- 新首席客户官上任的第一个月不见客户。

显然，这位即将离任的首席客户官似乎想通过对比，指责其前任未
能帮助自己做得更好。幸运的是，我们可以在新首席客户官入职之前及时
调整。

一定要把握自己上任的第一天。一定要了解上司的看法，可能的话也
要了解人力资源的情况，但如果这些情况与你要传达的信息不符，就要表
示反对。请记住，每件事都能传递信息。

另外一些需要注意的地方如下。

- 不要为错误的人浪费时间（根据前面的故事，并不是每个人都会将
  你的最大利益放在心上）。
- 不要使用 PowerPoint 演示文稿来介绍自己。没有人会将你视为
  焦点。他们关心你的存在对他们的意义。每个人都只有一个问题：

"这对我意味着什么？"

- 不要透露太多关于个人生活的信息。如有疑问，请重新阅读前面的要点。

- 不要提供任何关于你前公司的信息（无论是正面信息还是负面信息）。这只会使人心生疑窦：你为什么不留在那里？

- 不要对新公司的任何人表达任何负面的信息。

- 不要预约医生。

- 不要离开公司去寻找公寓或住房。

- 不要迟到。

- 不要与前同事共进午餐。

- 午餐时不要饮酒。

- 除了一些无关痛痒的玩笑话，别的不要讲。在这里，再小心也不为过。

- 不要分享你的政治观点。

- 不要花费太多时间打电话来安排搬家事宜。

- 不要穿不得体的服装。

- 不要装饰办公室。

- 如果出现问题，不要惊慌。

热点提示①

　　管理上任第一天：虽然每件事都能传递信息，但有些事情在这方面的作用尤为重要。你如何度过上任的第一天，这会给他人留下深刻的印象。自己掌控上任第一天的日程，即使你必须重新确定哪一天是上任首日。

热点提示②

上任第一天是融入的关键时机。为了尽快开始与其他人展开合作，你需要积极寻求人力资源部门的帮助。融入新组织是一件大事。顺利融入可以使事情变得更加简单。但如果处理不当，就会引发关系危机。除了基本方向之外，还有一些事情可能会造成巨大的影响。鼓励人力资源部门或其他人为你与正式的和非正式的沟通网络中的成员建立入职对话。请人力资源部门或其他人定期问候这些沟通网络中的人员。如果有问题，你可以尽早了解，以便调整。

● 小结与启示

从走上新岗位开始，你的一举一动都会被放大。因此，你的所做、所说、未做、未说以及做或说的顺序，都需要经过深思熟虑。

规划上任第一天时，需要记住以下几点。

- 针对个人。作为领导者，你影响着一些人的生活。这些人会想方设法地以尽可能快的速度了解你以及你可能带来的影响。他们可能会急于进行判断。请始终牢记这一点。

- 顺序很重要。认真考虑上任第一天及最初几天内你与其他人会面的顺序以及你要做的每件事的时间。

- 信息很关键。发布信息。明确自己需要说什么，不能说什么，多倾听。要知道，固执己见的冗长介绍与急于证明自己的做法都不适合作为上任第一天的策略。人们总会快速形成观点。在决定何时倾听、何时分享、提问哪些问题、向谁提问以及如何回答他人的问题时，都要牢记这一点。说话时要注意措辞精炼，言之有物。

- 地点很重要。考虑上任首日你应该在哪里露面。不要默认只在指定的办公室里露面。
- 标志与符号很重要。请注意传达信息的方式，并不仅限于语言。
- 时间很重要。上任首日未必等于你开始计薪的首日。你需要确定将哪一天作为"公开"上任（即向新组织介绍你自己）第一天，在此基础上选择做事顺序和地点。
- 日程安排很关键。以 30 分钟为单位规划全天。

你应该问自己的问题

上任第一天要做什么？在哪里做？它传达了什么信息？

对上任第一天的沟通方式的考虑是否全面？

是否给我希望留下印象的人留下了正面的印象？

人们可能想知道什么，如果有人向我提问，我将如何回答这些问题？

我的信息是什么？上任第一天的日程是否有助于传递该信息？

工具 3.1　上任第一天计划

正式上任第一天：

实际上任第一天：

你的信息：

你的入职计划（详细并标明日期）

首次大范围会议：

首次小范围会议：

新领导者融入会议日期：

与其他内部利益相关者的会议：

与外部利益相关者的会议：

与外部利益相关者通电话：

餐食——早餐、午餐、晚餐：

四处走动的时间：

行动中的信息：传递信息的活动。你是什么样，你做了什么，你说了什么（线下或线上）。

一天结束后的致谢信或电话：

工具 3.2　新领导者的融入流程

由乌尔里克开发、通用电气公司广泛应用的新领导者融入流程是将问题摆出来并立即解决，否则问题会进一步恶化。在新领导者上任第一天或最初几个星期内完成这个过程将大有裨益。

第一步：简单介绍并概述该流程的目标，向所有参与者（团队与新领导者）汇报该流程。

第二步：在新领导者不在场的情况下，团队成员提出以下几个方面的问题。

1. 新领导者（即你本人）

（问题可能涉及你的专业背景或个人期望、梦想、谣传、先入之见、担忧等。）

2. 作为团队领袖的新领导者

（问题可能涉及领导者对下列方面的了解：团队情况、优先事项、工作风格、规范、沟通、谣传等。）

3. 作为组织成员的新领导者

（问题可能涉及领导者对下列方面的了解：组织、他们与组织的匹配度、优先事项、假设、期望、谣传等。)

团队向新领导者提出下列问题，他们自己也需要回答这些问题。

4. 为了在新岗位上取得成功，新领导者需要了解哪些信息？

最重要的三个问题是什么？

高效的秘诀是什么？对新领导者有哪些想法？

5. 有哪些重要的问题需要立即解决？现在是否需要应急措施？

是否有业务上的难题需要新领导者去了解？

6. 是否有其他问题与想法？

你害怕问什么样的问题？还有什么需要补充的信息？

第三步：新领导者重新与团队成员坐在一起，回答问题并倾听、学习。

请注意：如果是远程工作的团队，一个有效的方法是提前征集群体的问题和意见，综合后划分关键主题的优先顺序，然后在视频通话中将这些问题和意见提交给领导者。

本 | 章 | 小 | 结

无论是加入一家新公司、进入私人股本投资组合，还是宣布收购，你在上任首日的一切都会被放大。每个人都在寻找线索，试图揣测你的想法与下一步行动。人们真正关心的问题只有一个："这对我意味着什么？"

正因如此，你必须特别注意对各种标志、符号和故事的运用以及运用它们的顺序，借此来传达你想表达的信息。确保人们的所见所闻能够使他们对你，以及他们自己与组织未来的关系产生你所希望的那种信任与感悟。

塞拉俱乐部（Sierra Club）的执行董事迈克尔·布龙（Michael Brune）在上任首日做得非常出色。他提前思考了自己想要传递的信息，然后在上任第一天通过现场交流、面对面沟通以及用社交媒体沟通，让每个人都能了解他的想法。他巧妙地运用了多种沟通方法，人们可以选择自己喜欢的方式来接收信息，这样一来，他想传递的信息可以得到大范围的传播。①

---

① 乔治·布拉特：《强大的第一印象：迈克尔·布龙在塞拉俱乐部的第一天》（*Powerful First Impressions: Michael Brune's Day One at the Sierra Club*），《福布斯》，2011 年 3 月 2 日。

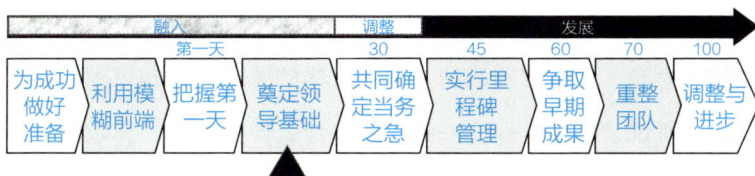

第 4 章　发展文化，利用多样性

领导者激励他人，并为他人赋能和赋权，从而使大家团结一致，竭尽所能地实现一个有意义、高回报的共同目标。但要成为一名伟大的领导者，你必须知道人们为什么追随你，你应该做什么以及如何帮助那些追随你的人。因为领导力、文化和沟通三者密不可分，所以接下来的两章将重点讨论这三个问题，帮助你奠定领导基础，将战术能力融入团队。

"他们可以，因为他们相信自己可以。"——弗吉尔（Virgil）

我们的目标是建立一支自信的团队。你可以在以下四个方面进行授权并建立信任，从而激发团队的自信。

1.**方向**。提供方向有助于其他人跟进。从你需要解决的问题或可以抓住的机遇开始，明确团队应该完成什么；然后，让他们自己决定怎样完成；最后，为他们赋权，使其能够按照适当的指导方针或在适当的战略范围内以自己的方式行事，从而培养自信。

2.**权力**。有限制的权力比全面的权力更有助于建立信心，这对一些人来说可能是违反常识的。战术决策的战略界限使人们有信心做出战术决策，又不必担心事后遭到批评。

3. **资源**。与其提供你认为他们需要的资源，不如询问他们认为自己需要什么。然后，帮助他们整合这些资源或利用可用的资源完成工作。

4. **责任**。认定他们能够取得成功。用人不疑，向他们展示你对他们及其工作方法的信心。在这一过程中，认可他们所取得的里程碑成就，并予以奖励，从而帮助他们树立信心。

将上述四个方面整合在一起。如果你曾有幸追随过一位能够激发团队成员信心的高管，就能够理解这种感受[①]。你能体会到跟随一个追求不朽，事事以他人为先，且重点明确的人是什么样的感受。你知道跟随一个能做到"所思、所说、所做"保持一致的人是什么样的感受。你敬重他们的为人，也尊重他们所代表的东西。你了解跟随一个信任你、令你自我感觉良好并为你树立信心的人是什么样的感受。

● 有意识地发展文化

现在你已经充分利用模糊前端，快速完成了学习，完善了整个过程的计划，与所有的关键利益相关者建立了紧密的关系，并且为自己和团队制订了领导力发展计划。你已经向新受众（上级、同级与下级）传递了清晰的信息，这些信息表达了变革的机会与行动号召，从而给他们留下了深刻的第一印象。你的团队已经被吸引。

确定你的领导方式，选择采用吸收、快速融入与发展、缓慢融入与发展，还是撼动组织的方式。你已经认识到，在这种情况下，需要采取不同

---

① 乔治·布拉特：《伟大的领导者如何激发他人的自信》（*How Great Leaders Bring Out Others' Self-Confidence*），《福布斯》，2019 年 11 月 5 日。

的行动，才能成为一个顶尖领导者。

无论选择哪种过程，现在都是将注意力转向文化的时候了。到目前为止，你对组织文化的了解可能比刚开始的时候更加清晰。现在你要开始有意识地发展文化了。

事实上，这一步非常重要，不可跳过。新领导者常犯的最严重的错误之一就是忽视文化，或者认为文化只会随意演变成某种理想的但无法定义的乌托邦。如果你希望文化不断演进，变成一股积极的、根深蒂固的强大力量，推动团队向目标前进，使参与其中的利益相关者感到自己受到重视进而投身事业（你一定有这样的愿望！），那么你必须在明确的意图下采取行动。

借助 BRAVE 框架，你可以观察行为、关系、态度、价值观和环境，从而对组织文化和性格进行相对简单、粗略的评估。在这个过程中始终注意人们的"所思、所说、所做"是否保持一致。虽然语言很重要，但人们的所做常常与所说不符。即使言行一致，倘若言行与他们的基本信念不符，最终也会露出马脚。高盛集团（Goldman Sachs）前首席执行官劳埃德·布兰克芬（Lloyd Blankfein）在接受《纽约时报》（*New York Times*）记者安德鲁·罗斯·索金（Andrew Ross Sorkin）采访时说："从长远来看，性格方面的东西总会在最糟糕的时刻暴露出来。"[1]

不局限于作为个人或团体公众形象所呈现的行为、关系、态度、价值观和环境，才能看到真正发生的事情。有些人对组织性格或文化的定义是，在没有人倾听或注视时，你所信、所思、所说和所做的事情。

好消息是，我们有三个简单的步骤，可以帮助你开始文化发展。

1. **明确当前状态。**首先阐明组织（你的团队）一直遵循的价值观和

---

[1]　安德鲁·罗斯·索金和埃弗拉特·利夫尼（Ephrat Livni）：《当商业和政治混合，性格非常重要》（*When Business and Politics Mix, 'Character Really Counts'*），《纽约时报》（*The New York Times*），2021 年 1 月 9 日。

指导原则。请记住，每个组织都有其明确的与未阐明的文化元素。寻找这两类元素。在这个阶段，掌握当前文化中的负面因素也很重要。此时几乎可以肯定的是，组织文化中还有一些你尚未体验过的方面。所以不要独自完成该任务，文化始终是一项团队活动。你可以用一个有力的观点开启讨论，但必须让团队参与进来，才能准确、完整地了解当前状态。接下来，利用 BRAVE 文化评估工具（根据不同的子维度进行调整，以便符合你的实际情况）来帮助你记录和阐明当前的状态。

2. 明确期望状态。 接下来，在组织中吸引多人（上级、同级和下级）参与，共同创造新的理想文化元素。与团队进行广泛而有意义的对话，讨论重要的价值观、指导原则和必要的行为。向团队提问：哪些措施能够发挥作用？哪些措施不能发挥作用？我们应该保留哪些措施？开始哪些措施？停止哪些措施？始终牢记，你希望发展文化，使其成为你的竞争优势，帮助你在竞争中取胜。明确你对自己的期望。使用本章末尾的工具 4.1 来优化这些对话，对照 BRAVE 文化的各个维度评估组织的现状，并与你的期望进行对比。记录每个组成部分各个方面的当前状态和期望状态。

3. 制订文化发展路线图。 你不可能在一夜之间改变文化。不要做这样的尝试，它只能以失败告终。相反，选择你希望最先改变的最重要的元素，然后确定为此需要改变哪些行为和实践。这是一个绝佳的时机，可以借此完善之前提出的问题（保留哪些措施，停止哪些措施，开始哪些措施）的答案。加强连续沟通，认可并奖励那些有助于实现理想状态的行为和实践。要知道，这是一种多阶段的方法。当你选择发展的第一组文化元素发生了转变之后，你需要继续前进，对下一组重要元素采取行动。随着计划的推进，你将逐步打造并维持一种制胜文化，它将成为你最大的竞争优势。

随着不断的学习以及团队围绕未来业务方向的紧密合作，你所期望的文化目标与文化发展路线图会发生变化。在当务之急研讨会上共同确定了未来的重点之后，你需要注意调整文化目标与文化发展路线图。

文化塑造工具

制订了路线图以后，有很多工具可以帮助你发展文化。下面介绍几种卓有成效的工具。

绩效反馈与考核

以多种方式调整绩效反馈和考核流程。首先，在正式的书面流程中，不仅要包括可以衡量的"业务"目标，还必须对公开宣称的公司行为和价值观进行评估（包括数值）。整个过程要参考多个利益相关者的意见，从而获得全局视角。在这种讨论会上提供的反馈，要详细具体。主动提供"文化增强"行为和"文化扼杀"行为的具体示例。

通俗来说，就是塑造一种文化，使人们能够秉持个人进步和公司发展的精神提供和接受建设性的反馈意见，随时准备给予正反馈和负反馈。

奖励和认可

将奖励和认可视为公开的正反馈。部署一个简单的计划，该计划不仅可以对照业务目标表彰员工的业绩，还可以展示文化增强的行为和价值观。首先，控制流程，让管理者知道哪些行为和价值观值得认可。确信该计划将被一以贯之地执行后，可以让管理者和员工去表彰他们的同僚。更多的正反馈能够刺激更多的积极行为！

沟通

积极的内部沟通是文化发展的命脉。首先，表明态度，对于你所推动的文化，你希望加强哪些方面。如果人们需要更加紧密地团结在一起，共同解决客户问题，那么可以成立一个"午餐分享会"或类似的计划，用于分享信息、统一思想。或者鼓励领导团队的成员邀请同僚参与他们的员工会议，分享来自其他部门的新闻。如果你希望你的团队和文化在市场上更具侵略性，那么对于团队成员表现出自信、敢于冒险并赢得业务的成功案例，需要大加庆祝。

其他工具与流程

后文对下述方法均有详细介绍，在此我们主要强调一系列工具和流程，帮助你根据组织目标塑造文化。

当务之急研讨会。在该会议中，团队将围绕使命、愿景、价值观、目标、战略和重大行动计划，共同确定当务之急，并形成统一战线。

里程碑管理。通过这个过程，在团队中嵌入责任制与协作，实现里程碑和目标。

早期成果。这是一个过程，也是一种心态，通过大量资源的投入，实现成果交付，从而增强势头，建立团队信心，使他们相信自己，相信作为领导者的你，相信共同使命。

岗位梳理。这是一个好机会，为了实现业务与文化目标，你可以后退一步，检查自己在团队中是否承担了合适的职能，各个岗位上的人员是否符合岗位要求。

调整。根据先前的期望，评估自己的进展，征求利益相关者的反馈，并在重点领域和领导方法上进行适时调整。

● 利用多样性，融入公平性，促进包容性

多样性、公平性和包容性不应令领导者心生畏惧，也不应成为领导者的言论禁区。相反，它应该成为领导团队最重要的优先事项。从某种程度上来说，这一概念已被各种团体"绑架"，他们尚未真正理解领导力或如何建立一支高效、多元和公平的团队，就急于说服别人接受自己的论据。讽刺的是，围绕团队建设这一大主题的诸多噪声已经将它从一个有趣的、

令人愉悦的领导责任和文化驱动力转变为一个基于数字的威胁性话题。摒弃那些企图搞分裂的人，将注意力和精力放在你可以团结的人身上。这就是身为领导者的任务。

作为领导者，不要将多样性、公平性和包容性视为一个"程序"，应将其视为一种思维方式或文化的基本元素。否则，你会在缺乏理解的情况下，盲目地信奉并实践多样性、公平性和包容性。对很多人来说，特别是对年轻一代来说，公司如何为员工负责以及为员工提供哪些福利待遇，将直接影响公司的招聘结果、员工的留存率以及员工对公司的信任。在这方面，处理得当的公司明显比表现不佳的公司具有更高的竞争优势。利用多样性，融入公平性，促进包容性，这有助于制胜文化的建立，加速实现组织的使命、愿景和目标。

多样性、公平性和包容性不仅仅是一个数字，也不是达到一定数额就能够实现的目标。它不仅仅是人力资源的基准。即使在员工手册中增加了相关的书面政策，它也未必真实存在；即使将其添加到公司核心价值观中，它也未必能变为现实。数字和政策很重要，但单靠数字和政策无法实现目标。如果你真的希望通过提高多样性、公平性和包容性获益，那么你需要从上到下、从下到上、从中间向四周，全面地增加行动和责任。

和本书中的许多主题一样，由于篇幅限制，我们无法展开充分地讨论，但与很多问题一样，只要你是领导者，就愿意继续为之努力。现在，让我们来看看你可以做些什么，才能以有效且有意义的方式将多样性、公平性和包容性融入文化中。

● 利用多样性

将多样性视为人与人之间的差异。多样性可能存在于人种、宗教、种族、民族、年龄、政治观点、社会经济上的失能与能力以及语言等诸多方面。它可以归结为基于不同经验的观点。我们在很多方面都存在差异，因此我们面对同样的情况时会持有不同的观点。

埃森哲咨询公司（Accenture）的首席执行官朱莉·斯威特（Julie Sweet）说："我们相信，多样性会让我们变得更强、更智慧、更具创新精神，从而更好地满足客户、员工和社区的需求。"

● 融入公平性

公平性是指在员工、计划、实践以及支撑这一切的文化中保持公平和公正。它能确保每个人都有平等的机会。

亚伯拉罕·林肯（Abraham Lincoln）说："人们所要求的是同一种东西，公平，只有公平。我会尽我所能，让他们和其他所有人都获得公平。"

● 促进包容性

包容性是指让人们感到自己被需要、被接纳并受欢迎，因为他们的声音会得到承认，更重要的是，能够被他人听到。每个人都能获得归属感、价值感和尊重感。

国际商业机器公司（IBM）全球知识产权许可副总裁兼总经理克劳迪娅·布林德－伍迪（Claudia Brind-Woody）说："包容性不仅意味着'我们可以这样'，更意味着'我们值得这样'。我常说：聪明的团队能够完成令人吃惊的任务，但真正具有多样性的团队能够完成不可能的任务。"

● 一个起点

关于多样性、公平性和包容性，你可能经常听到这样的说法，即多样性是指接到舞会邀请，公平性是指平等使用舞池空间并享受音乐，包容性是指受邀跳舞。优秀的领导者能营造一种重视并借鉴不同观点的环境，为所有人提供平等的机会，增强员工的归属感、价值感和尊重感。

在参与文化的过程中，无论是采用吸收、融入与发展，还是撼动组织的方式，你都应认识到，几乎在所有情况下，都要密切关注多样性、公平性和包容性，确保利用多样性、融入公平性和促进包容性成为文化的核心。实现真正的多样性、公平性和包容性是一项特殊的挑战，需要经过深思熟虑，了解真实情况，知道如何融入与调整，并能认识到你对变革的影响。在《影响与冲击》（*Influence and Impact*）[1]一书中，格雷戈里·彭宁顿博士（Gregory Pennington）写了这样一章，提出了一个看待和处理工作场所的偏见与歧视的框架，其中包含五个必须思考的要素：校准、信息、证明、协商和转型。它们的详细解释如下。

校准

校准的重点是找到一种方法，将你正在经历的以及可能经历的情况与其他参考点对比，进而对其进行验证。这些参考点包括你自己的其他经历以及与其他人的经历的对比。这个过程主要在内部进行，为其他关注领域奠定基础。校准的作用体现在它如何影响你对情况的理解以及你对该情况的个人责任。

---

[1] 比尔·伯曼（Bill Berman）和乔治·布拉特：《影响与冲击：发现并精通组织最需要的东西》（*Influence and Impact: Discover and Excel at What Your Organization Needs from You the Most*），新泽西州霍博肯：约翰·威利父子出版公司，2021 年。

信息

对信息的关注强调收集更多数据来源和拓宽经验背景的重要性。它也提供了有关个人、领导者和组织模式与影响的观点。这是从一个内部过程向外部数据积累和数据共享过程的转变。信息的作用体现在你通过哪种方式与哪些人分享信息。

证明

证明的重点在于证明你和其他人能够达到组织期望的水平。这也是为了避免其他人和组织将业绩不佳作为歧视的理由。证明是一个外部过程，它的作用是说服自己和其他人，让他们相信你和其他人愿意根据组织交付成果的基本需求接受评价。

协商

协商的重点是利用校准、信息和证明三个关键领域，将组织的需求与你和其他人的需求统一起来。这显然是一个外部过程，并且肯定是一个相互影响的过程。这一关注领域的作用在于将行为的变化与可视的结果联系起来。

转型

转型是第五个重点领域，强调你作为领导者改变他人和组织的机会。你需要利用前几个阶段积累的影响力。这是一个内部和外部同时进行的过程。通过你的人际和组织影响力，真正致力于改变他人，并有效地让其他人参与到这个过程中，转型的作用才能发挥出来。

如果将此框架应用于企业的战略、运营和组织流程，你会发现，将多样性、公平性和包容性融入文化后，它们才能发挥最强大的影响力。请注意，这个框架不是一次性的，需要组织的各个方面持续不断地调动上述五个思考要素。这听起来似乎十分困难，但通过重复和练习，它会成为文化的基本元素。

在上任后的 100 天内，你可以采取一些简单的措施，建立一种倡导多样性、公平性和包容性的文化。

1. 了解当前政策。立即参与，熟悉当前的多样性、公平性和包容性政策与文化规范，在不足的地方加以改进。

2. 了解事实。了解当前你在多元化人员招聘、发展和晋升方面的实际情况与既定政策和目标的对比，了解组织决策和其他关键流程的包容性（或不包容性）。

3. 奠定基调。在沟通中，特别是行动中，你需要清楚地表明对多样性、公平性和包容性的重视，并将其视为组织的一部分。请注意，同理心和激情是必不可少的。最重要的是，你要在所有行动中体现这一点。你需要表明，无论何种性别、宗教、种族、政治观点、年龄的人，人人都可以表达自己，且他们的声音都能被外界听到。

4. 与人力资源部门合作。与人力资源部门合作，增强、改进和灌输利用多样性、融入公平性和促进包容性的行为和原则。

5. 建立利益意识。谈论、讨论并颂扬坚实的多样性、公平性和包容性政策的好处。教育团队了解多样性、公平性和包容性文化如何提升组织的品牌、创新、创造力、招聘、员工保留率、幸福感等。

6. 沟通、鼓励和接纳差异。鼓励讨论，重视差异，促进解决方案的不断完善；促进包容与合作；确保沟通建立在尊重和开放的基础上。

7. 鼓励团队，为他们赋权并提供帮助。与所有人谈论多样性、公平性和包容性。询问他们对此有何看法？他们需要帮助吗？他们需要什么资源？确保每个团队成员都参与到这个过程中。

8. 开始建立文化。投入时间，围绕人才招募、培养和继任规划，制订针对性的政策和实践方案，从而建立一种多样、公平和包容的文化。

9. **建立责任制**。根据多样性、公平性和包容性目标，衡量个人绩效和团队成果。

要打造一种利用多样性、融入公平性和促进包容性的文化，或者成为该文化的一部分，需要尽早通过前面的步骤来奠定多样性、公平性和包容性文化的基础。否则，你无法推进前文所述领导计划中的"调整"与"发展"。请记住，多样性、公平性和包容性不仅仅是数字、配额或清单，它必须深植于文化中。如果你无法打造一个重视多样性、公平性和包容性的文化，就难以在当下的环境中做一个合格的领导者。在这一点上必须努力，它值得你付出努力。成功后，你会感觉自己、团队与整个世界都会变得更好。

● 小结与启示

- 领导者激励他人并为他人赋能和赋权。通过在方向、有限制的权力、资源和责任方面进行授权并建立信任，从而激发团队的自信心。
- 有意识地设定一条通往目标文化的道路，此外，作为领导者，你将采取哪些不同的方式来影响变革。
- 在文化中融入多样性、公平性和包容性。如果你真的想通过提高多样性、公平性和包容性获益，那么你需要从上到下、从下到上、从中间向四周，全面地增加行动和责任。

你应该问自己的问题

我是否明确自己的领导方法？

我是否清楚需要采取哪些不同的行动来支持这种方法？

我是否清楚目标文化及其下一步发展？

其他人是否同样清楚我们的方向和原因？

我们是否在多样性、公平性和包容性方面取得了具体、实际的进展？

我们如何利用团队的多样性？

我们如何促进包容性？

我们如何融入公平性？

工具 4.1　文化发展路线

文化发展路线如表 4-1 所示，可记线文化发展过程。

表 4-1　文化发展路线

	目的		
	维度 1	维度 2	维度 3
保持 我们如何领导 我们如何完成任务 （流程和程序） 我们如何互动 我们如何沟通 （双向）			
促进 我们如何领导 我们如何完成任务 （流程和程序） 我们如何互动 我们如何沟通 （双向）			
淘汰 我们如何领导 我们如何完成任务 （流程和程序） 我们如何互动 我们如何沟通 （双向）			

本｜章｜小｜结

领导者激励他人，为他人赋能和赋权，从而使所有人齐心协力，实现有意义和有回报的共同目标。

想一想人们为什么追随你，你做了什么以及你如何帮助那些追随你的人。领导力、文化和沟通三者密不可分，本章重点解决文化多样性问题，从而为你的领导力奠定基础，帮助你在上任初期建设团队的战术能力。

实现多样性、公平性和包容性，不仅因为这是正确的选择，更因为它对组织未来的发展至关重要。多样性、公平性和包容性不是一个目标，也不是一种理论，你需要将它转化为具体的现实。

第 5 章　管理沟通

特别是与远程团队借助数字手段的沟通

融入	调整	发展

为成功做好准备　利用模糊前端　把握第一天　奠定领导基础　共同确定当务之急　实行里程碑管理　争取早期成果　重整团队　调整与进步

第一天　30　45　60　70　100

每件事都在传递信息。每件事——即使是你没有做的事，没有说的话，都在向组织中每个关注你的人传递强烈的信号。

我们身处通信变革之中，沟通的准则正在发生巨大的变化。或许你希望将沟通变成一个有逻辑的、连续的、持续的沟通活动，但在许多情况下，你只能将沟通视为一组迭代的并行对话进行管理。

对遵循这套计划的新领导者来说，从上任第一天到共同确定当务之急，这段时间的沟通需要遵循一定的规则和技巧。在共同确立当务之急之前，你几乎所有的时间都要花在融入组织上。

这意味着你还不能开始进行全面的沟通，还不能站出来告诉别人你的新想法。因为，这些想法还只是你的想法，而不是团队的想法。

因此，在这段时间里，你需要广泛地倾听和学习，与团队共同确立一个当务之急。在学习时应以你的信息为依据。你需要用行动传递信息，而不是发起任何形式的沟通活动。

在阅读本章的其余部分时需要注意一点，本章列出的一些关于沟通的要点，在这段时间内未必会用得上，但未来你一定会用到它们。

● 从哪里开始以及你需要知道什么

上任后，你需要开启持续的沟通，在此之前，你需要确定几个关键要素，每个要素都很重要。根据第 2 章的建议，在开始沟通之前，你应该做好以下几件事，从而打下良好的基础。

1. 确定目标受众。

2. 设计一个首要信息。

3. 确定关键的沟通要点。

现在是停下来重新思考这些要素的好时机，根据你已经掌握的信息，做出调整，从而准确反映你当前的最佳想法。

● 利用沟通提高敬业度

越来越多的证据表明，敬业的员工会带来更好的结果[1]。敬业度是一个非常重要的动态指标，不能单纯以敬业和不敬业来区分员工，需要从四个层面来考虑：忠诚者、贡献者、旁观者和抵制者。

忠诚者：忠诚者由目标、原因和利他精神驱动。他们相信并愿意去做

---

[1] 史蒂夫·克雷伯特里（Steve Crabtree）:《全球员工敬业率仅为 13%》（*Worldwide, 13% of Employees Are Engaged at Work*），盖洛普公司（Gallup），2013 年 10 月 8 日。

任何能够实现预期结果的事情。通过直接沟通，触动他们的情感，使其发自肺腑地相信你与他们一起做的事情。

贡献者：贡献者擅长他们所做的事情，这一点显而易见。他们喜欢自己的工作，输出的结果是正面的，有助于目标推进。他们是重要的参与者，但不一定是领导者。直接与他们沟通，使其了解组织对他们的要求。

旁观者：旁观者是顺从型员工，主要受利益驱动，他们关注自己的基本需求。顺从型员工不会伤害组织，但并非变革的主要推动者。他们只会按照指令做事，此外不会有更多的行动。你要让他们意识到自己需要做什么，并确保他们完成任务。

抵制者：抵制者闲散懈怠，从情感上已经置身事外。他们不相信变革的机会、愿景或行动号召，不会完成组织需要他们做的事情。他们与组织完全脱节，因而成为抵制者。如果他们未能迅速对新消息做出反应，那么你需要尽快让他们离开。

● 思考幸福的驱动因素

团队成员都希望获得幸福。每个人都可以通过以下因素或几种因素的结合而获得幸福。

1. 做对他人有利的事情。

2. 做自己擅长的事情。

3. 做对自己有利的事情。

在工作中，忠诚者会受上述三个因素的驱动，他们通常是最幸福的。贡献者受上述第二个和第三个因素驱动，服从者只受第三个因素驱动。遗憾的是，抵制者无法通过上述因素获得幸福。

不同的人会受不同的因素驱动。如果一个人专注于为他人谋福利，那么能给他带来幸福的其他因素可能也会水到渠成。特蕾莎修女（Mother Theresa）全心全意地为他人服务，在这个过程中，她也越来越擅长自己的工作，并从工作中获益。伟大的艺术家，如大提琴家马友友，他们也许不在乎自己的影响力或自己得到的回报，一心追求纯粹的艺术，因为做自己擅长的事会给他们带来快乐。一些好莱坞制片人和演员多从自身利益出发，受名利的驱动，结果忽视了创作的影片质量。

● 马斯洛的需求层次理论

马斯洛理论的核心是需求的层次[①]。最底层的需求是生理需求与安全需求。满足了这一需求后，人们会产生归属和尊重的需求，最后要满足自我实现的需求。

将马斯洛的需求层次加入幸福与敬业框架，再融入沟通计划，从而形成一个将幸福、沟通和敬业组合在一起的方法，见表 5-1。

表 5-1 沟通与敬业的层次

需求	幸福	沟通	沟通	敬业
（马斯洛）	驱动因素	方法	结果	层次
自我实现	利他之事	富有感染力	信念	忠诚
归属 / 尊重	擅长之事	直接	理解	贡献
生理 / 安全	利己之事	间接	意识	服从

---

① 亚伯拉罕·哈洛德·马斯洛（Abraham Harold Maslow）:《人类动机论》（*A Theory of Human Motivation*），《心理学评论》（*Psychological Review*），1943 年，50（4）：370-396。

满意度

已故学者弗雷德里克·赫茨伯格（Fredrick Herzberg）是最早将研究重点放在商业管理的心理学家之一。他最广为人知的理论是关于工作场所员工激励的双因素理论。赫茨伯格认为，推动员工满意度的两个因素是保健因素和激励因素。这里的保健因素可能与你的理解不同，但不要责怪赫茨伯格用词不当。根据他的理论，保健因素会影响员工对工作的不满意程度，而激励因素会影响员工对工作的满意程度。

保健因素包括公司政策、管理者能力、工作条件、工资、地位、同事关系和安全。保健因素必须足够好，才能消除人们的不满。但是，当保健因素恶化时，员工的业绩会严重下降。

激励因素包括成就、赏识、工作本身、责任、晋升和成长。改善这些因素可以提高员工对工作的满意度。激励因素越完善，人们在工作中的满意度越高。

马斯洛的保健因素与激励因素

一般来说，在马斯洛需求层次理论中，最下层的两个需求属于保健因素。人们的生理和安全需求必须得到充分的满足，否则就会出现问题。高层次的需求是激励因素。自尊和自我实现的需求得到满足后，人们的满意度会有所提高。

归属的需求处在中间。这类需求的层次高于保健因素，但往往低于激励因素。人们希望加入一个俱乐部、部落或粉丝群体，其重要性在于，成员资格能够建立他们的自尊或自我实现。

作为领导者的影响

你所领导的人总在不断变化，特别是经历危机或环境的快速转变之后，比如迅速且大规模地向远程工作模式转变，每个人在满足生理、安全、归属、自尊和自我实现的需求的进程中都会出现倒退或停滞。

当这种情况发生时，你需要重新启动与他们的关系。帮助他们满足马斯洛需求层次理论中的各级需求。与之抗争就像与潮流抗争，只能以失败告终。

根据他们对工作与生活的平衡、健康和福利、人际关系、立场以及其他事情的态度转变，你需要调整自己发挥影响力的方式。然后，帮助他们回到马斯洛的需求层次中，回到原来的位置或超越原来的位置。

● 成为主要的故事讲述者

TAI 集团的创始人兼董事长艾伦·肖尔（Allen Schoer）非常擅长运用故事的力量。他的观点如下。

- 故事产生叙述。
- 叙述带来意义。
- 意义实现统一。
- 统一创造绩效。

合适的故事将发挥重大的意义。通过合适的故事，你可以影响忠诚者，而不是控制他们。但你并非唯一通过讲述故事来传递信息的人。其他人也可以用自己的方式讲述自己的故事。因此，你不是唯一的故事讲述者，但你可以成为主要的故事讲述者，引导他人选择符合核心信息的故事。

● 接触点

接触点（touch points）是指你的信息接触到目标受众，或传达给目标受众的时刻。有效的沟通必须包括在不同地点的多个接触点。确定你要接触的人数与接触频率。对于希望接触的关键个人和群体，规划一系列媒介方法，包括面对面谈话、电话、视频会议、便条、电子邮件、短信，以及更普遍的大众传媒和社交媒体交流。

● 监督和调整

沟通一开始，你就有可能失去对沟通的控制。人们会带着自己的偏见，将听到的内容与其他人联系起来，并对信息进行筛选。如果对此尚未做好准备，也没有考虑多样性、公平性和包容性，那就太可惜了。你需要通过一个系统来监督自己的信息被如何解读。做好准备，抓住机会，避免任何可能破坏势头的问题。虽然无法对每件可能发生的事情做好预案，但如果能考虑到一系列情况，就可以将这些应急计划作为应对的出发点。确定如何衡量信息是否成功传达。只是将信息传达给听众，这并不是成功。你必须知道如何以及用什么样的频率来衡量信息是否按预想的方式被接收。

● 重复信息

在沟通过程中，重复是必不可少的。换句话说，你必须在不同的时间，以不同的方式一遍又一遍地重复同一条信息。在关键群体将你的信息内化之前，你可能已经对这些信息感到厌烦，但不要害怕重复。千万不要将你的厌烦情绪表现出来，要确保你对这些信息保持旺盛的精力和激情。

重复信息后，再重复一次，每一次重复都要针对不同的听众调整上下文。

● 庆祝早期成果

在这一过程中，你需要先确定一个 6 个月内能够交付的早期成果。早期成果是这场运动的一部分，你需要投入大量资源才能交付这个成果。取得早期成果后，要公开庆祝。这一切都是为了给团队树立信心。因此，你需要投入时间，让团队成员感到他们都是了不起的。

● 加大沟通力度

有时人们会出现信心危机。这时团队会质疑你是否真的想完成这些变革，是否会坚持这些变革。对此类危机做好准备，利用这样的时刻加大沟通的力度。

首先要建立一个预警系统，监测危机的发展。在此之前，你应该在整个组织中培养自己的"眼睛"和"耳朵"，从而了解小道消息。这些人会告诉你到底发生了什么。他们可能不是你的直接下属，可能是行政人员，也可能是离你很远的人，他们认为将真相告诉你也不会对他们产生任何威胁。无论是谁，你都需要将他们找出来，并加以培养。通常这些人就在我们前面所说的"忠诚者"中。

危机即将来临的主要迹象是反对者或抵制者再次抬头，他们表示反对或更大胆地提出反对意见。确定当务之急后，人们会在最初的一段时间内表现得热情高涨，在此期间，这些反对者或抵制者往往会按兵不动。但他们不可能永远保持安静。当他们再次表示反对的时候，这就是危机来临的第一个征兆，如果不加以阻止，他们的观点将传播开来。

因此，你需要快速按下重启按钮，明确表达自己致力于变革的决心。你需要重整核心团队，确保他们都是忠诚者；积极认可那些致力于推动团队变革的忠诚者和贡献者；采取行动消除阻碍因素，这可能会产生一系列负面结果。例如得到负反馈，或者将阻碍业务和文化进展的人移出团队。在这种情况下，可以采取一些有益的措施。

- 重整核心团队，收集意见并进行适当调整。
- 召开全体成员会议、视频会议或电话会议，强调进展并强化当务之急。
- 后续说明，确认团队始终专注于当务之急。
- 通过电话跟进核心团队中每个人的进度。
- 向核心团队、相关团队和其他人强化每个关键里程碑的紧迫性。
- 与比你的直接下属级别更低的关键人员或团队会面或进行单独会谈。
- 到现场或工厂进行视察。
- 实施结构化计划，以衡量沟通的有效性。
- 引入奖励和表彰计划，强化高绩效与支持行为。

热点提示

从沟通网络的角度进行思考，发现你的核心信息。在利益相关者网络与通过各种媒介同时进行的反复沟通中，你可以利用核心信息来指导关键的沟通要点，但这一切应建立在真实可信的基础上。有效沟通是一项艰巨的任务，但这将是你所做的最重要、最持久的事情之一。

在查理·希曼斯基（Charley Shimanski）担任美国红十字会救灾行动

负责人后举行的第一次会议上，他召集了 140 名救灾主任和其他同事。这是一次出色的沟通。查理无处不在：在讲台上介绍演讲者，做自我介绍，与老友重聚，拥抱那些曾参与艰险救灾的人。他掌控了整场会议，并进一步激发了与会者对这项事业的热情。他的每一步行动、每一句发言和每一个毛孔都在传递信息。

当被问及如何为这样的会议做准备时，查理解释说，他不会考虑自己要说什么，也不考虑自己希望听众听到什么。相反，他所考虑的是希望听众感受到什么。

"我希望他们感受到，他们是工作的核心，我们的成功取决于他们。我希望他们感到自豪。"

一方面，并不是每个人都有一个像红十字会救灾任务（向受灾者提供救济，帮助人们预防和应对紧急情况）那样具有普遍意义的事业。

但另一方面，你确实拥有一项对你和下属来说都有意义的事业。如果这项事业不重要，你就不会在那里。让你的所思、所说、所做保持一致，用你的一言一行来传递信息，使你自己成为你想传递的信息的化身。当你这么做的时候，追随者也会投入其中。你们都会为此感到骄傲。

● 领导远程团队或混合团队

也许在某个时候，你需要领导一支远程团队或混合团队（团队中有部分人远程工作，或者团队有部分时间需要远程办公）。新型病毒感染大流行迫使很多人开始远程办公，但其实在近十几年里，远程工作的趋势已经越来越显著。远程工作需求的激增彻底改变了世界。许多雇主已经意识到，员工不需要一直待在办公室里也能提高生产力。他们还认识到，要招募人才并留住人才，远程工作或混合工作模式至关重要。美世公司

（Mercer）在 2021 年初进行的一项研究发现，70% 的公司计划采用某种混合工作模式。

绝大多数体验过远程办公的员工都很喜欢这种方式，而且更加偏爱远程工作。无须通勤，能够节省时间、提高生产力、更好地平衡工作与生活，可以有更多时间陪伴家人、发展爱好，这些都是远程工作者强调的一些好处。因此许多人不再考虑不能远程进行的工作。这种趋势早已露出端倪，现在它已成为一种新的工作方式，无处不在，不会消失。

管理一个远程团队——无论是他们远离组织，还是你距离组织较远，抑或你们都与组织相距甚远——总会面临一些挑战，你需要找到正确的方法加以应对。以下是你需要关注的几个问题。

确立参与准则

如果遵循我们的建议走到这一步，你可能已经完成了下面的某些措施。向团队发布参与准则，或者与团队一起制定参与准则，明确以下几点。

- 什么类型的会议要使用什么类型的技术？例如，在组织团队会议和一对一会议时，采用公司认可的视频会议形式；通过短信的形式传达紧急消息；使用公司认可的信息传送应用程序进行日常的团队对话。你需要明确这些选择。
- 就可用性达成共识。并非所有人都在同一时区，并非所有人都能在同一时间工作。
- 确定联系的最低频率。
- 制定视频会议的规则。例如，每个人的摄像头必须开启；会议要准时召开；不发言的时候需要关闭麦克风；会议中你必须全程在线。我们通常会先与远程团队的成员联系，使用聊天框和其他文本功能，使更多人参与进来。

当面沟通

不要忘记这一点！当面沟通最适合情绪紧张的情况，也最适合建立关系和信任。在这种情况下，你可以动用所有的感官（视觉、听觉、触觉、嗅觉、味觉）。在适当的时候采用当面沟通。

部署同步交流与异步交流

在不同的情况下，利用不同的方式与不同的人沟通。

同步交流是两个人或一群人之间的实时交流。现场会议、视频会议和电话交流都是同步交流的例子。如果是以下几种情况：需要立即获得回应；需要私下沟通；让人们感到自己是团队的一部分；问题持续时间不长或复杂性较低等，你可以使用同步交流。它非常适合头脑风暴或深入的动态对话、首次会议、销售活动、庆祝活动或快速解决问题。这种类型的交流需要有一个明确的目标。

警告

在一场会议中，如果有些人是现场参会，有些人是远程参会，那么远程参会者的贡献能力有限，因为他们错过了可能发生在会议期间和休息间隙的私下讨论。

异步交流是指一个人提供信息或数据，过一段时间后，接收者收到信息或数据。电子邮件、Slack（即时通信软件）和脸书（Facebook，社交网络服务网站）就是异步交流的例子。如果你想随着时间的推移逐步获得更多样的意见，如果你需要跨时区工作，或者你希望为信息接收者留出思考的时间，都可以选择异步交流。但在紧急情况下不要使用这种沟通方式。

留出社交互动的时间

请注意，你的远程工作环境不一定始终以工作为中心。这是一个很容易坠入的陷阱，它忽略了将团队和文化联系在一起的典型社交互动。专门研究人类动机的心理学家罗恩·弗里德曼（Ron Friedman）曾说："讨论与工作无关的事情——例如运动、读书和家庭，可以使人们找到共同的兴趣，从而以真诚的方式建立联系，进而建立紧密的友谊，实现更融洽的团队合作。"[①]

隔离、孤独和与世隔绝的感觉是远程工作者面临的真正问题。领导者要鼓励他们进行社交互动来抵消这些负面影响，使他们获得归属感。这将对员工的敬业度、幸福感、文化多样性、公平性与包容性产生积极影响。

有许多方法可以帮助你在远程团队中融入和鼓励社交互动。每次会议前留出几分钟的时间，让大家进行一些与工作无关的交流。留出时间进行虚拟的办公室聚会，鼓励虚拟的办公室旅行、客座演讲、虚拟午餐和游戏。发挥创意，享受乐趣。

对你的影响

对我们大多数人来说，要回到全体员工现场办公的时期几乎是不可能的。你需要调整你的文化和领导风格，以适应远程和混合的工作环境，否则就有可能被迅速淘汰。

在情绪强烈的情况下，在需要重建关系的时候，在帮助新加入的成员建立初步关系的时候，你需要组织现场会议。你也可能希望利用人们新发

[①]　罗恩·弗里德曼：《高效能团队与众不同的五件事》（5 *Things HighPerforming Teams Do Differently*），《哈佛商业评论》（*Harvard Business Review*），2021 年 10 月 21 日。

现的技术力量，借助一些线上会议来提高效率。很难想象为了一个小时的跟进会议，有人要千里迢迢地从外地赶到现场，而不是出现在视频上。

如果不能充分利用异步交流开展工作，那就太可惜了。解放你的员工，提高他们对时间的掌控力，这样一来，他们可以根据需要获取更新信息，并选择自己可以竭尽全力思考的时间和方式，而不是在你最方便的时候用对你最方便的方式沟通。这么做对你也大有好处。

● 小结与启示

- **管理你的沟通**，重点关注阶段性、利益相关者和信息，针对不同受众选择不同的沟通方式，在持续的基础上进行适当调整，并在适当的时候安排一个老式的、合乎逻辑的、连续的沟通活动，但预计随着时间的推移，这种情况会越来越少。
- **鼓励并采用合适的远程工作方式**，可以获得更加多样的意见，其他人的时间管理选择也更加多样。

你应该问自己的问题

我是否会针对不同的受众调整信息？

我是否清楚自己希望听众采取什么样的行为？

我的信息内容是否令人信服？

我是否考虑过每次具体沟通的最佳设计（形式、地点）？

我是否设计了评估沟通有效性的方法？

我的沟通方法能否触及所有利益相关者，并且适合他们每个人？

我们是否鼓励适当的远程工作，从而获得更加多样化的意见和时间管理选择？

我能否有效地将他人转变为忠诚的拥护者？

本｜章｜小｜结

对于遵循本计划的新领导者来说，从上任第一天到确定当务之急的这段时间内，沟通方法往往违反常规且充满压力。领导的基本方式是融入与发展。在共同确定当务之急之前，你的主要任务是融入组织。这意味着你还不能开始各种各样的沟通。你还不能站出来将自己的新想法告诉别人。如果现在就这样做，那么这些想法就会只是你个人的想法，并未从组织出发，也不是团队的想法。

因此，在你调整方向之前，要对沟通事宜进行充分的考虑，通过询问、积极的倾听与实际行动——而不仅仅是通过你所说的话——建立领导力并对文化进行变革。然后，当你进行调整时，一切都会改变。

远程工作仍然不可避免。接受这一事实，并掌握远程工作所需要的基于信任的新领导方式。我们将与你分享相关的高效方法。

第6章 将工作重心转向战略

● 在30天之内明确共同的当务之急

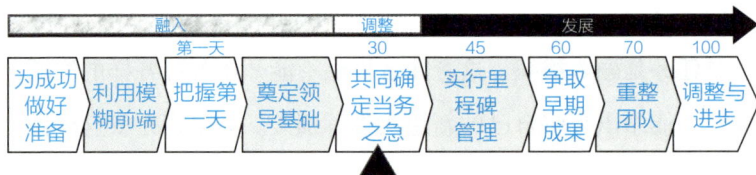

在模糊前端，你可以控制自己的日程，主要是因为人们还不指望你做任何事。也许你可以控制上任第一天的日程安排，或者至少能在很大程度上决定第一天的日程，主要是因为没有人期望你能全盘考虑（但读完本书后，你应该可以做到这一点）。在上任后的100天里，你对时间的掌控力会逐渐降低，因为各种各样的人会对你的时间提出各种各样的要求。

因此，你可能很难抽出时间进行团队建设，但又必须建立一支高效能团队，使其专注于当务之急，所以你需要争取时间。这是领导力的支点。

● 构建当务之急

除了必须要完成的其他事情以及日程上的其他要求，你还需要投入时间去落实战术能力的组成部分。确定当务之急，包括它的标语、使命、愿景、价值观、目的、目标、战略、计划和执行节奏，这是起点，也是基础。经验丰富的成功领导者总会谈到一点，即让人们围绕愿景和价值观保持一致，并专注于紧急的业务事宜，这是他们必须做的最重要的事情，而且往往是他们上任后 100 天内需要做的最困难的任务。

当务之急是团队成员明确界定的自己的"当前任务"，对于该任务对团队和组织的宏伟抱负的作用，团队成员达成广泛共识，并理解其紧迫性。

当务之急不同于共同目标。两者的区别在于时间、强度和持续时间。共同目标推动长期的发展，当务之急则推动通往长期发展之路上的下一阶段的活动。

当务之急应该用一句精练的总结或标语加以概括——主要包含一个强有力的、行动主导的动词。请记住阿波罗 13 号的例子"让这些人活着回家"。清晰、明确、容易分享，并体现了目标及其紧迫性。它超越了所有琐碎的担忧，但并未取代探索宇宙，提升人类认知的总体共同目标。当务之急推动团队朝着更长期的共同目标前进，这就是你的目标。

2010 年，智利北部发生了类似的危机，33 名矿工被困在约 680 米深的地下长达 69 天。几乎没有人相信救援人员能够找到这些矿工，更不用说把他们活着救出来。但在被困于井下 17 天杳无音讯后，矿工们终于向地面发出了一条信息，告诉大家他们还活着！救援队立刻确定了当务之急："把这些人活着救出来！"明确当务之急后，没有人知道该怎么做，但救援队在世界各地人们的帮助下，找到了一种方法，将这些人安全送回了家。这就是一个有效的当务之急！

● 加快速度

当务之急推动领导团队每天围绕主要焦点开展工作。与其他任何因素相比，明确当务之急以及解决当务之急的操作流程，是成功团队与失败团队的主要区别。它的重要性高于其他任何因素，是组织在复杂转型中生存和繁荣发展的关键。具有明确当务之急的团队在行动和反应上更加灵活，因为每个团队成员都相信自己的团队正朝着统一的方向前进。

应该以多快的速度确立当务之急，人们对此看法不一。有人认为不应操之过急，因为与进展缓慢相比，选择了错误的当务之急，会带来更大的风险。这种情况确实发生过。如果事情进展顺利，变革的紧迫性就会降低。

然而，大多数领导层的变化都会触发有意义的战略、运营或组织变革。人们期望你会领导团队向一个新方向发展，或者至少以更快的速度让他们朝着统一的方向前进。如果不尽早增强这种势头，可能会造成一些问题。如果在开始前进之前有一些负面因素介入（例如，你失去了一个关键客户或一个重要的团队成员离开），你可能会陷入崩溃。我们都看到，随着信息越来越自由地流动，变革的步伐也在加快。在这种环境下，即使事情进展顺利，竞争对手也会迅速占据你的位置。

你需要迅速着手，行动起来，并酌情调整，在第 30 天之内确定当务之急。

热点提示

当务之急是战术能力的核心部分。当人们讨论如何使所有人目标一致时，当务之急就是那个目标。你可以采用自己喜欢的方法，但一定要确立当务之急，并尽早投入其中。在紧急着陆时，我们迫切需要团队成员采取行动，因此他们必须迅速行动起来。如果在上任 30 天后仍未确定当务之急，回报会逐渐减少，然后出现真正的断崖式下跌。上任第 30 天之后，紧迫感几乎立刻消散，事情的进展开始出现不同程度的倒退。所以你需要尽一切努力在上任 30 天内确立当务之急。这是一件大事。

● 核心重点

在深入讨论当务之急的具体组成部分之前，我们有必要退后一步，确定组织的核心重点，以及核心重点如何在战略、运营、组织、文化和领导选择中发挥主题性的作用。

公司竞争力有四个主要的关注领域：设计、生产、交付和服务。除了营销和销售（它们必须完成这四个领域的工作）外，大多数组织都在一定程度上涉及这四个领域。确定组织的核心重点，它需要在这个领域脱颖而出，才能获得竞争力并最终取胜。这是一个重要的选择，因为一切都围绕这个决定，并缘起于这个决定。

我们需要逐步构建一个框架，确定组织的核心重点。

1. 以稳定 – 灵活为纵轴，独立 – 相互依赖为横轴，四个核心重点分布在以两轴相交划分出的四个区间中，如图 6-1 所示。

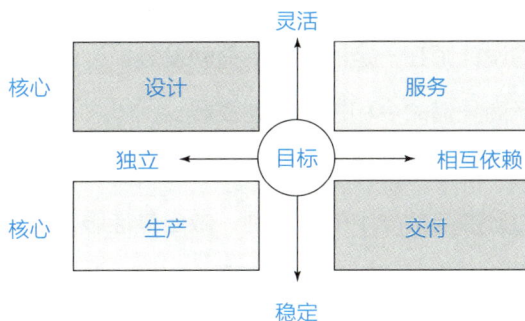

图 6-1　核心重点

2. 每个领域需要不同的文化，如图 6-2 所示。

- 以设计为重点的组织文化的特点是独立和灵活，此外鼓励学习，收获乐趣。

- 以生产为重点的组织文化的特点是稳定和独立，此外重视结果，强调职权。

- 以交付为重点的组织文化的特点是相互依赖和稳定，此外强调听从指令，保证安全。

- 以服务为重点的组织文化的特点是灵活和相互依赖，此外还有目标驱动，体贴他人。

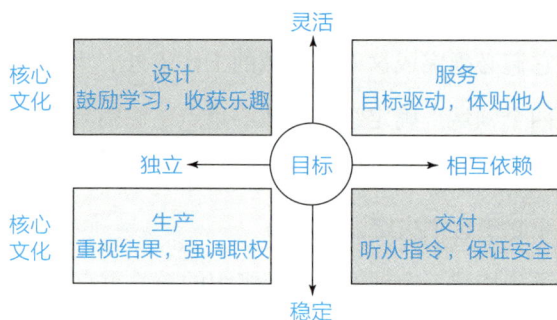

图 6-2　核心重点文化

3. 这些文化为组织与运营提供以下条件，如图 6-3 所示。

- 专业化的设计师在一定的支持下蓬勃发展。

- 分级生产商凭借命令和控制蓬勃发展。

- 交付系统成为具有共同责任的矩阵。

- 通过权力分散与指导下的责任制，做出最佳服务决策。

4. 这意味着以下几点，如图 6-4 所示。

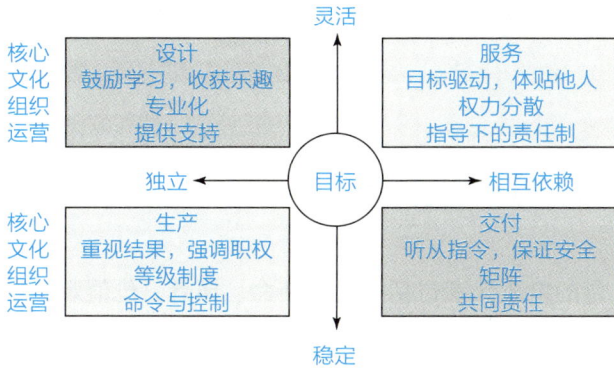

图6-3　核心重点组织与运营

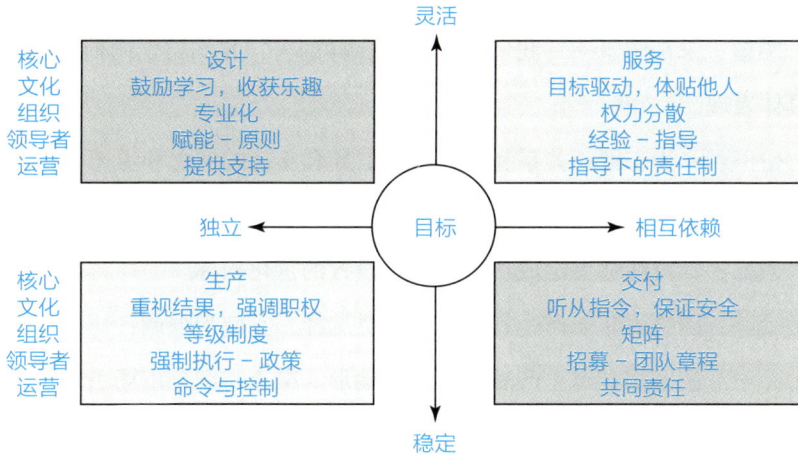

图6-4　完整的核心重点

- 以设计为重心的组织领导者需要遵循原则进行赋能。
- 以生产为重心的组织领导者需要强制执行政策。
- 以交付为重心的组织领导者需要通过团队章程招募整个生态系统的参与者。
- 以服务为重心的组织领导者需要作为主要的经验传授者，为他人提供指导。

109

这些要素并非混搭而成。当你确定了组织的核心重点后，其他要素便水到渠成。

● 当务之急的组成元素

当务之急的组成元素包括标语、使命、愿景、价值观、目的、目标、战略、计划和执行节奏。这些因素共同推动了团队的实际计划与行动。

标语：能够定义当务之急的概括性短语或标语。

使命：我们为什么在这里，我们的目的是什么。

愿景：未来图景——我们想成为什么样的人，我们将走向何方，成功的具体表现。

价值观：为态度、关系和行为提供引导和支持的信念和道德原则。

目的：广义上的定性的业绩要求。

目标：针对能够界定成功的目的所设置的量化指标。

战略：围绕团队如何达到目的的广泛选择，它应当强调：

在哪里实施（产品或服务、地形、渠道、细分市场）；

如何取胜（制胜计划）；

能力（知识、技能、技术、完成战略重点的过程）。

计划：明确可以实现每个战略重点的项目内容、人员和时间。

执行节奏：团队如何共同实施、跟踪、学习和完善计划。

所有权与责任：明确由哪些人做什么，谁是最终负责人，谁拥有决策权，谁拥有限制的权力，应向谁问责。

人们常常将使命和愿景混为一谈。有时人们只是将两者结合起来，但它们并不相同。使命指导人们每天做什么以及为什么要这么做。它可以让我们知道组织中需要设置哪些岗位。愿景则描述了未来的成功。根据愿景，我们可以明确组织需要在哪些领域做到最佳，并让每个人都了解公司的本质。业内最佳意味着超越其他人——优越性。一流意味着与最优秀的人处于同一水平——对等。两者与"足够好"存在显著差异。它们所阐述的当务之急的组成元素也不同。

同样，人们也会混淆目的与目标。目的与愿景有质的联系（例如：超越竞争对手 A，成为市场上的首选供应商）。目标必须是量化的。它们必须是具体的（specific）、可衡量的（measurable）、可实现的（achievable）、具有现实意义（realistic）且有时间限制的（time bound，简称为 SMART，例如：在未来三年，每个产品类别的收入每年增加 10%）。

团队通常会使用一个写明目标的标语（例如"10、10、10！"）。但作为领导者，你需要保证将标语与目的联系起来（确保稳定的新业务渠道，并以此实现稳定的成果交付！）。有时可以将使命作为标语，有时可以将愿景或优先事项作为标题。这不重要，重要的是让每个人在方向和责任上保持一致。

● 确立当务之急

如何构建个人要素——使命、愿景、价值观等，并将其纳入当务之急？你与核心团队需要投入时间来构思、塑造和决定每个要素，然后将这些要素作为一个整体的、统一的紧迫任务进行传达，努力使个人专注于自己的职能和责任。这个过程看起来或许会令人生畏，但一旦开始行动，团队与项目建立联系，它就会形成自己的动力和紧迫性。为团队点亮的这束光，是你与团队所拥有的最激动人心且最难以忘怀的感受之一。

实现这一点的方法有很多种。如果你对自己的团队没有信心，咨询法往往最为有效。在这种情况下，你可以先草拟当务之急，然后依次征求每个人的意见。这样一来，你永远不会失去对沟通的控制。

本章末尾的工具 6.1 旨在帮助你与团队就使命、愿景、价值观、目的、目标、战略、计划和执行节奏达成共识。关键词是共同创造。你的头脑中可能已经有了一些组成要素（例如，使命、愿景、目的、战略），甚至已经将它们落实在纸面上。团队成员可能已经表示同意，但他们是否对这些要素了如指掌？他们是否相信（曾经相信）这些要素？这些要素是否与时俱进？是否鼓舞人心？能否产生紧迫感并推动有目的的行动？团队成员是否真的将他们所做的事情视为当务之急，还是为了打发时间而做的事？作为领导者，你的工作是确保团队中的每个人都能真诚地对这些问题做出肯定的答复。

布莱恩·史密斯（Bryan Smith）提供了一套生成创意的方法：讲述、推销、测试、咨询和共同创造。[①] 在大多数情况下，最好的方法是共同创造。共同创造能够带来令人难忘的巨大回报，因此这个过程本身就足以解决谷仓效应、困惑与冷漠。你肯定不希望团队成员将你布置的任务当成耳旁风。但可悲的是，这是许多所谓的当务之急的命运。

开当务之急研讨会的目的是与核心团队共同确立当务之急，从而使所有人明确当务之急。会议结束后，你应该让组织中的其他人来询问核心团队，以此来检验当务之急。他们的看法可能会给当务之急带来轻微的调整。在检验的过程中，你需要以开放的态度对待其他人不同的措辞和一些新想法，但要注意保留你和团队共同确定的当务之急的含义。本章末尾的

---

① 彼得·圣吉（Peter M.Senge），阿特·克莱纳（Art Kleiner）、夏洛特·罗伯茨（Charlotte Roberts）、理查德·B.罗斯（Richard B.Ross）和布莱恩·史密斯，《构建共同愿景：如何开始》（*Building Shared Vision: How to Begin*），《第五项修炼》（*The Fifth Discipline Fieldbook*），波士顿：尼古拉斯·布莱雷出版社，1994 年。

工具 6.2 介绍了远程研讨会的操作方法。

在确立当务之急时，不需要让整个组织全部参与。一般来说，理想的会议规模是 5~9 人。少于 5 人的团体难以满足思维的多样性，超过 9 人的团体又难以统一步调。此外，如果参与的人数太多，最后可能会得出一个被大多数人接受，却无法激励任何人的方案。通过与核心团队或者再加上一两个其他关键成员的共同创造，你可以领导团队得出更具启发性的想法。

● 利用多样性

这也是利用多样性、促进包容性、保证平等性的关键时刻。听取多方观点，以此利用多样性。确保每个人都能参与进来，积极分享自己的想法，以此促进包容性。鼓励辩论和激烈讨论，确保每个人都有表达观点并参与解决当务之急的同等机会，从而保证平等性。

在整个过程中，如果有人保持沉默或不参与，不要认为这是因为他们无话可说。积极鼓励他们参与。为每个人提供参与的时间和空间。如果你为确立当务之急所挑选的团队不能完全代表组织或你试图达到的市场，请深入思考如何在这个过程中纳入那些有价值的不同观点。

如果确定当务之急的核心团队无法提供有价值的不同观点，那么在与更大的团队检验当务之急时，真诚地征求他们的看法。你认为这个当务之急是否符合目标？你欣赏它的哪些方面？我们遗漏了什么？你是否可以分享一些细微的差别，从而使当务之急更加完善？是否还需要其他人参与？如果做不到这种程度，你就无法实现真正的共同创造，而共同创造对成功解决当务之急至关重要。

如果处理得当，确定当务之急的研讨会就会变成一个集中会议，很多人分享自己的观点并参与对话。你可以借此进一步了解团队成员和同事。他们也可以进一步了解你。最终确立的当务之急可能与你的设想十分接近。虽然大部分情况不会这么理想，但即便如此，这也是一次难得的学习机会。正如 T.S. 艾略特（T. S. Eliot）的诗歌《小吉丁》（*Little Gidding*）所说：

> *我们将不停止探索，*
>
> *而我们一切探索的终点，*
>
> *将是到达我们出发的地方，*
>
> *并且是生平第一遭知道这地方。*[①]

● 研讨会的主持

在大多数情况下，为了营造一个共同创造的环境，领导者最好不要去主持当务之急研讨会。领导者应作为参与者，而不是主持人，这样才能更好地倾听和理解团队的意见和观点，从而通过真正的共同创造，确立当务之急。坐在房间的最前面，你很难与团队进行共同创造。与团队坐在一起，而不是在他们面前统领全局，往往能够促进团队进行更丰富、更诚实的对话。当务之急与你无关。你需要找到团队的当务之急，而不是领导者的当务之急。但这样的研讨会也不能省略主持人。安排一名经验丰富的专家担任主持人，他擅长指导团队完成这项工作。要取得成功的结果，主持人的作用至关重要。

[①] T.S. 艾略特：《四个四重奏》（*Four Quartets*），纽约：哈考特·布雷斯出版社，1943 年。

● 研讨会的出席率与时间

事实上，你接管的团队已经有了工作的优先项和日程安排。团队成员不太可能放下手头的工作，抽出两天时间围坐在一起，手牵手唱民歌。首先，这是一项真正的工作，当务之急研讨会关注真正的业务问题。它最终会成为团队建设的强大工具，但也是工作的副产品。即使如此，仍会有一些团队成员不愿意调整现有的时间表以适应本次研讨会，特别是你安排在上任后 30 天内的研讨会（但我们认为在此期间安排当务之急研讨会很有必要）。

坚持计划。在上任后 30 天内找到最适合大多数人的时间，然后让其他人选择是否调整他们的日程。这么做有两个好处。

1. 它使事情按照 80% 的原则向前推进。并非所有事情都能完美，并非每个人都能参加每一次会议。尽你所能地推动自己和团队前进，帮助其他人跟上进度，同时在这个过程中不断调整。

2. 这能让你尽早了解不同团队成员的态度和忠诚度。任何事都能传递信息，任何事都能双向传递信息。通过邀请人们参加当务之急研讨会，你传递出一个强有力的信息。如果他们因为有更重要的事情拒绝参会，也会传递出不同的信息。根据 ACES 模型（参见第 2 章），如何处理明显的阻力，这将成为一个重要的早期测试，检验你所选择的领导方式（吸收、融入与发展或撼动组织）是否合适。

● 位置

我们坚信，让团队成员全部坐在一个房间里，用两到三天的时间专注工作，这样确立当务之急的实践最为成功。在许多情况下，为了参加这种活动，团队成员要从全球各地赶来。这是值得的。在促成一次当务之急会议后，我们从客户那里得到的最常见的一种反馈是："所有人坐在同一个房间内，这个机会非常宝贵。我们以后要经常这么做。"如果你能召集所有人坐在同一房间里，那么无论在哪里，这种做法都有深远的意义。要完成这项任务，需要一定的创意。我们的客户通常会选择位于员工中心的位置，即使那里没有办公室。

如果可以，我们希望你至少能在日常工作场所之外的地方召开当务之急会议。挑选一个不同于日常办公室的地方，这个举动意义深远，值得我们投入时间、金钱和精力。它传递出一个信号，即当务之急研讨会是一次重要且特殊的会议，人们需要从办公室那些令人分心的日常事务中抽身出来，理清思路，从而投入共同确立当务之急的深度讨论中。

● 线上研讨会

不要忘记远程办公的员工。在大多数公司，让员工全部坐在办公室里工作的日子早已一去不复返了。对于大多数领导者来说，混合办公模式才是现实。我们很难将团队的全体成员召集到一个房间里。也许是因为你要领导一支全球化的团队，也许是因为当前的趋势改变了员工的工作方式，也许是因为你们是一家年轻化的公司，远程办公是公司文化的核心。但无论出于什么原因，你都有可能领导一支混合团队，一些关键利益相关者在办公室，而另一些则不在办公室。

混合会议（有一些人远程参会，有一些人现场参会）的管理和实施都有一定的难度。如果不要求所有人参与，他们将无法真正地共同确立当务之急。通常，那些远程工作的员工会觉得自己是"二等公民"，难以了解办公室里发生的事情。如果会议以现场参会者为主，那么远程参会者必然会错过会议室中的一些对话——尤其是当多人同时发言的时候。他们也会错过会议期间和休息间隙的私下讨论。实际上，远程参会者在会议中的收获不可能像现场参会者那样多。相反，如果会议以远程参会者为主，他们每个人都有自己的屏幕和摄像头，而现场参会者需要共享屏幕和摄像头，因此不得不相互争抢使用时间。

　　根据组织的文化、团队的经验、混合会议的舒适程度以及你的主持技巧，可以考虑采用全员现场参加的现场会议或全员线上参加的远程会议。如果要采用全员线上参加的远程会议，你需要让办公室内的员工也通过线上方式参会。不要让一群人聚在会议室里拨电话，否则就违背了宗旨。无论采用哪种方式，都要遵循预先设计的当务之急会议流程，做好研讨会前的准备，设定议程，安排研讨会后的工作，包括实行里程碑管理、实现早期成果和持续的团队沟通。

　　如果组织得当，远程会议可以提高效率，节省差旅时间和成本。这样做的一个好处是，你可以在几天内组织规模更大、更复杂和距离更远的会议与分组会议，让人们在会议的间隙完成其他事情，并不断思考。为了促进更深入、更有意义的互动，尽可能将远程分组会议的人数控制在 4 人以内，参见本章末尾的工具 6.2。

　　对于协同配合或相互依赖的人来说，现场会议更加高效。因为人们可以动用五种感官（视觉、听觉、触觉、嗅觉、味觉），从而触发不同的反应并捕捉细微的差别。此外，他们可以在休息时进行私下讨论，讨论的内容可能会涉及问题的不同层面与其他相近的问题。

　　无论采用哪种方法，当你把人们聚在一起开会时，在着手完成任何议程之前，都需要留出充足的时间让人们重新建立联系。重视议程的灵活性，共同探索，共同创造，而不是快速融入并作出决定。此时你需要将更多的注意力放在互动上，而不是实际的结果。只要有耐心、灵活性和坚持，就能得到想要的结果。第一个选项是让所有人现场参会。第二个选项是让所有人远程参会。在必要的情况下，混合会议可以作为第三个选项。但是请注意，通过混合会议实现目标——让核心团队投入时间和精力来构思、塑造、阐述和传递一个共同确定的统一的当务之急难度最大。

严格的结构

在任何情况下，组织会议时都要有明确的目标，支持性议程，以学习、贡献和决策为导向的准备工作以及明确的后续行动框架。请注意，会议结构化的程度会随着会议人数、议程的复杂性和时间限制而提升。

会前准备

会前准备可以使你尽量减少陈述和吸收的时间，尽可能增加学习、贡献和决策的时间。请注意，对于内向的人来说，会前准备必不可少。它不需要很长时间，也不需要多么深入或复杂，只需要让他们能够提前敛神专注即可。对于那些在过去感觉自己没有完全融入或遭到忽视的人来说，会前准备也很有帮助。从多样性、公平性和包容性的角度来看，提前去亲自接触所有的团队成员，鼓励他们积极参与，是很有价值的做法。请注意，有些人可能不像其他人那样乐于做贡献或有信心做贡献。作为领导者，你可以利用这段时间，证明你将积极寻求多元化的观点并包容所有参与者。

最后，在研讨会之前，提前分发议程和预读材料，并明确要求所有与会者在会前读完这些材料。

议程

议程应向与会者明确会议的总体目标。每一个议程项目都要指出对团队的期望——具体来说，他们应该学习、做贡献还是做决定。

后续行动

详细的后续行动能够将会议从理论转向真正的价值创造。迅速将笔记整理出来，一方面是为了让那些无法参加会议的人快速了解最新情况，并收集他们的想法（如果他们有其他想法的话），但主要目的是根据团队做出的决定，启动和协调价值创造行动。

● 持续跟进

持续跟进。将人们团结在一起，投入时间，切不可敷衍了事。强有力的当务之急是能够获得荣誉的保障。

为了确保后续跟进与强大的执行力，你需要在当务之急研讨会后实行里程碑管理流程。这一点非常关键，因此我们会用一章的篇幅进行阐述。除此之外，你必须以身作则，履行你的承诺，并从当务之急出发履行协议。

格里（Gerry）是当地救生队的志愿者。一天，他正在自家草坪上耙树叶，突然听到不远处发生了一起意外。他跑到街道的另一头去救助伤者，让路人联系警察和救生队，并以其他方式提供帮助。其中两名伤者自行离开了现场，另外两人必须被送往医院。来到医院后，格里在救护站协助清理救护车，以备下一次急救，这时救生队队长走了进来。

"格里，我注意到你在事故现场实施急救时没有穿救生队的红色队服。"

格里解释道，他从家里直接赶去现场，然后来到救护站，没来得及穿队服就坐上了救护车。

"但是队服非常重要，它能让人们看出你是一名救生队成员。"

"谢谢提醒，下次我会注意的。对了，你怎么知道我没有穿队服？"

"我刚好开车经过。"

"你是说，你开车经过了一起车祸现场，看到我是那里唯一的救生队成员，而你选择直接离开，然后回来提醒我下次穿上队服？你为什么不停下来帮忙？"

他们在这场对话中如何措辞并不重要。对每一位救生队成员、急救人员或这类事故的第一目击者来说，他们潜在的当务之急一定是"帮助有需要的人"。而这位救生队队长的行动却没有体现这一点。你有可能重蹈他的覆辙。

如果你还不清楚这些事情之间的区别以及它们如何共同发挥作用，那么你需要先停下来。

● 小结与启示

当务之急的组成要素包括以下各项。

标语：能够定义当务之急的概括性短语或标语。

使命：我们为什么在这里，我们的目的是什么。

愿景：未来图景——我们想成为什么样的人，我们将走向何方，成功的具体表现。

价值观：为态度、关系和行为提供引导和支持的信念和道德原则。

目的：广义上的定性的业绩要求。

目标：针对能够界定成功的目的所设置的量化指标。

战略：围绕团队如何达到目的的广泛选择，它应当强调：

在哪里实施（产品或服务、地形、渠道、细分市场）；

如何取胜（制胜计划）；

能力（知识、技能、技术、完成战略重点的过程）。

计划：明确可以实现每个战略重点的项目内容、人员和时间。

执行节奏：团队如何共同实施、跟踪、学习和完善计划。

所有权与责任：明确由哪些人做什么，谁是最终负责人，谁拥有决策权，谁拥有限制的权力，应向谁问责。

确立当务之急是新领导者上任 100 天内的工作重点。确立了当务之急后，团队将开始创造和利用下一波战术能力的构成要素——里程碑管理、早期成果、岗位梳理、领导力革命、实践与文化。

当务之急会推动每个人每一天的行动，因此它必须被所有人真诚地接受。你需要尽早确定当务之急并与所有人共享——在上任后的 30 天内。举行一场两到三天的研讨会是确定当务之急的首选方式。

你应该问自己的问题

我们是否为建立一支高效能团队奠定了坚实的基础？

我们是否与团队一起完成了开研讨会所需的会前准备？

我们是否听取了多方观点以理解我们的背景并实现共同创造？

我们是否共同确定了当务之急？

当务之急对关键利益相关者是否有足够的吸引力？

团队是否明确了解了我们的重点？

我们是否有实现它的战略和明确的目标？

它能否推动有目的的行动？

它是否符合我们的长期目标，是否在向长期目标迈进？

工具 6.1　当务之急研讨会

这是一个为期两至三天的研讨会，它应在日常办公环境之外举行，旨在围绕使命、愿景、价值观、目的、目标、战略、计划和执行节奏达成共识。核心团队的所有成员必须参加。本次研讨会将确定团队的当务之急。

会前准备

- 在会前沟通中，明确会议目的（使命、愿景、价值观、目的、目标、战略、计划、执行节奏）。
- 设定背景—现状—更广泛的群体目标。
- 发送邀请，安排后勤。
- 准备展示你当前的最佳想法（领导者），或准备解释你的职能（团队成员）。

会议过程

- 详细阐述会议目的：框架、使命、愿景、价值观、目的、目标、战略、计划、执行节奏（主持人）。
- 阐述当前的最佳想法（团队领导者）。
- 阐述当前各小组的职能（团队成员）。
- 确定重点及理由。
- 回顾公司或更大团体的目标（团队领导者）。
- 为了依次修改团队的使命、愿景、价值观、目的、目标、战略、计划和执行节奏，鼓励公开但重点明确的讨论，从而拓展思路，将不同的观点进行分类，选择最能引起共鸣的想法，按重要性排序，征求个人意见，收集共同想法，并根据意见拟定一个包括当务之急标语在内的小组草稿（主持人）。
- 讨论新的当务之急与旧的情况之间的区别（主持人）。

- 总结解决当务之急需要采取的措施（主持人）。

- 总结，将结果与目标联系起来，就后续步骤进行沟通（包括确定里程碑管理的时间与实现早期成果的流程）。

后续跟进

- 向更大范围的团队征求意见。

- 必要时加以改进。

- 向所有关键利益相关者传达最终结果。

工具 6.2 远程研讨会指南

第一场会议：90 分钟

准备：

会前阅读：组织的使命、愿景、指导原则、战略，必要时可增加其他材料

提前为共同工作场所中的分组会议准备单独的文档

［视频会议——全组］

欢迎：

领导者对使命、愿景、指导原则和优先事项的看法

关于使命、愿景、指导原则和优先事项的初步反馈：

哪些方面强而有力？如何改进？

策略：

在哪里实施？

第二场会议：90 分钟

准备小组观点（可采用 SWOT 分析法）——逐项回应

［视频分组会议：2~4 人 + 主持人］

策略：如何获胜？

成功的定义

五件大事

各自的竞争力

第三场会议：60 分钟

逐项回应各小组的观点

［视频会议：全组］

第四场会议：90 分钟

计划与里程碑：

什么时候由谁完成

［视频分组会议：2~4 人 + 主持人］

第五场会议：60 分钟

逐项回应各小组的观点

［视频会议：全组］

第六场会议：90 分钟

操作原则和程序：

准备小组观点

逐项回应

文化调查回应

讨论需要发展哪些文化组成部分（以及如何发展）

会议结束

协议、后续步骤、沟通、行动后回顾

调查或聊天 = 主持人整合后通过电子邮件整合迭代

本│章│小│结

当务之急是团队成员明确界定的自己的"当前任务",对于该任务对团队和组织的宏伟抱负的作用,团队成员达成广泛共识,并理解其紧迫性。使命、愿景、价值观、目的、目标和基于行动的战略是当务之急的关键组成部分。它的本质体现在每个人都能理解并据此采取行动的口号中。与团队共同确定当务之急,有助于你尽早获得认同,即使你目前最成熟的想法中只有80%是正确的。你与团队可以在这一过程中不断调整和改进。在上任30天内必须明确当务之急!

公司竞争力有四个主要的焦点领域:设计、生产、交付和服务,如图6-5所示。除了营销和销售(它们必须完成这四个领域的工作)外,大多数组织都在一定程度上涉及这四个领域。围绕你的核心重点和主要差异,将这四个领域与运营、组织、领导和文化相关的方法结合起来。

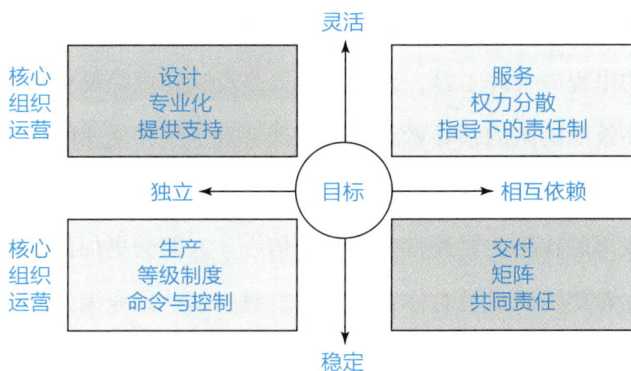

图 6-5　核心重点

第 **7** 章 在执行中推动责任制

● 在 45 天内实行里程碑管理

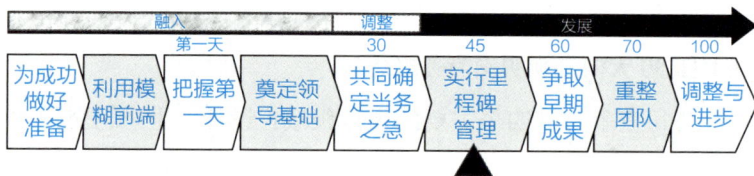

对高效能团队战术能力的真正考验在于团队成员采用的正式和非正式的实践方法，尤其是在明确决策权与信息流方面[1]。高效能团队领导者真正的工作是激励他人，为他人赋能和赋权，从而使所有人团结一致，竭尽所能。最高效的领导者会花更多时间进行整合而不是管理。最佳方法是利用一个简单的里程碑管理工具，该工具主要是反映和跟踪哪些人在什么时候做什么。高效能团队的领导者利用里程碑管理工具，使团队成员相互承担责任，使人们能够作为整体共同工作！

早期成果的作用主要是带来信誉和信心。人们会更加信任已经交付成果的人。你希望团队成员对你、对自己、对变革计划充满信心。你希望上

---

[1] 加里·L. 尼尔森（Gary L. Neilson）、卡拉·L. 马丁（Karla L. Martin）和伊丽莎白·鲍尔斯（Elizabeth Powers）:《成功执行战略的秘密》（*The Secrets to Successful Strategy Execution*），《哈佛商业评论》（*Harvard Business Review*），2008 年 6 月。

司和同事对你的团队交付能力充满信心。

里程碑是通往既定目标的沿途关卡

回忆一下第 6 章中提到的下述定义。

目的：广义上的定性的业绩要求。

目标：针对能够界定成功的目的所设置的量化指标。

战略：围绕团队如何达到目的的广泛选择。

现在需要添加对里程碑的定义。

里程碑：通往目的与目标的沿途关卡。

达到里程碑

里程碑是战术能力的组成部分，可以将当务之急转化为可管理的行动计划。如果你的团队里程碑管理得当，团队的能力将大大提升。里程碑管理是指明确责任、监督进度并采取行动保持正轨。经过当务之急会议，活动挂图往往会被许多想法和选择填满。除非有人采取行动，否则这些想法和选择完全无用。正如史蒂夫·乔布斯（Steve Jobs）所说："如果不能将想法付诸实践，那么想法毫无价值。想法只是乘数，而执行力价值百万。"本章的主题是将想法付诸实践。简而言之，为了保证团队能在指定的时间范围内实现预期的结果，你必须合理授权。这包括以下几点。

- **方向**：明确目的、目标、战略和预期结果。
- **资源**：提供交付成果所需要的人力、财力、技术和运营资源。
- **有限制的权力**：为团队授权，使其根据战略指导方针，在明确的范围内做出战术决策。

- **责任和结果**：明确绩效标准、时间期望以及成功和失败的积极结果与消极结果。

在这个过程中需要尽力弄清以下问题。

- **相互依赖**：了解团队内部、与其他团队和项目以及与外部资源之间重要的相互依赖性。

- **信息流**：知道哪些信息需要在何时与谁共享。确保通过一定的方法及时共享信息。

- **协作**：了解需要通过哪些协商和共同努力，确保一致性与连贯性。

里程碑很难由一个人独立完成。通常情况下，要达到一个里程碑，需要团队中不同职能部门的多个成员共同做出贡献。尽管实现里程碑的过程很复杂，但应为每个里程碑指定一名"队长"，由他担任该里程碑的最终负责人。队长不需要完成所有工作，他是就里程碑相关问题进行沟通的关键发言人。队长应是最终决策者，负责团队之间的沟通，保证必要的信息流、协作和预期结果的交付。不需要设置副队长，副队长难以发挥作用，我们只需要一个责任人。

● 跟进——否则不要开始

在为期两天的研讨会上，萨姆（Sam）的团队投入了大量时间和精力，最终确立了组织的当务之急。团队成员兴奋地离开，准备大干一场。然后，萨姆一直忙得不可开交，始终没有将里程碑管理流程落实到位。结果，团队很快又回到了以前的工作方式。如果萨姆自己都不跟进，其他团队成员为什么要这样做？

实践是保证人们实施计划的系统。实践应与能够强化期望行为的指标和奖励系统相结合。有句老话说："让我看看他们的所得，我就能告诉你他们实际付出了什么。"

美国空军空战司令部（U.S. Air Force Air Combat Command）的约翰·迈克尔·洛（John Michael Loh）在第一次海湾战争期间表示："我过去认为，如果不进行衡量，就无法完成任何事。现在我要说，如果不进行衡量，就得不到批准……你需要根据事实进行管理，而不是单凭直觉。"正如美国前参议员丹尼尔·帕特里克·莫伊尼汉（Daniel Patrick Moynihan）所说："你有权表达自己的观点，但你的观点不代表事实。"[1]

具体的绩效衡量、责任和决策权能够让个人和团队在不受过度干扰的情况下完成工作，并为绩效与期望的对比及后续改进措施提供了非评判性讨论的基础。人们必须知道自己承担了什么样的期望。明确了期望以后，人们还需要时间和资源来实现这些期望。里程碑管理过程的重点是明确决策权，确保信息和资源流向需要它们的地方。

● 里程碑可以帮助你及时做出调整

美国国家航空航天局和阿波罗 13 号的地面团队为我们提供了一个很有帮助的案例。宇宙飞船在太空发生爆炸后，让宇航员安全回家成为一个令人信服并且压倒一切的目的。

达成目的比较简单的方法是一个接一个地完成里程碑。

1. 让飞船掉头，使它返回地球。

2. 管理剩余的能源，使其能够维持到宇航员返回地球。

3. 解决一氧化碳问题，保证宇航员有足够的可以呼吸的空气。

---

[1] 丹尼尔·帕特里克·莫伊尼汉，2008 年 5 月在费城宾夕法尼亚大学毕业典礼上的致辞。

4.设法重返大气层，避免飞船燃烧。

里程碑的作用在于让自己了解当前的进展，并有机会及时进行调整。只要能按计划达到里程碑，即使你没有介入，团队也可以向着目标前进。

你可能会这样评价团队实现目标的过程。

最坏情况：团队没有实现目标，并且不知道原因。

糟糕情况：团队没有实现目标，但他们知道原因。

可接受情况：团队错过了一个里程碑，但做出了调整，以实现总体目标。

良好情况：团队预测到风险，并根据关键里程碑进行了调整。

最佳情况：团队在实现目标的过程中完成了所有里程碑（理想情况）。

假设你设定的目标是在五个半小时内从伦敦抵达巴黎。现在假设你选择驾车出行。进一步假设，从伦敦市中心到伦敦郊区需要45分钟。你想知道："到目前为止，旅行进展如何？"

你没有任何线索。

你可能走上了正轨，也可能落后于原定计划。但在旅程刚刚开始的时候，你可能会认为，可以在以后必要时弥补耽误的时间，所以你并不担心。

但是，如果设定了以下里程碑，你的想法可能会有所不同。

- 从伦敦市中心至伦敦郊区：30分钟
- 从伦敦郊区至福克斯通：70分钟
- 穿过隧道：进隧道：20分钟；通过隧道：20分钟；出隧道：20分钟
- 从加来至巴黎：3小时

如果你设定了一个30分钟内到达伦敦郊区的里程碑，实际却用了45分钟，那么你知道自己已经落后于计划。因此，你可以采取行动，实施备选方案。这个里程碑能让你立即意识到，自己需要进行调整，才能实现总体目标。

　　你与团队也会错过一些里程碑。没有必要完成所有的里程碑。重要的是建立机制来确定合理的里程碑，这样一来，在通往目的地的道路上便有了诸多关卡，可以让你沿途不断进行预测和调整。

　　对团队的里程碑管理也是相同的过程，但根据工作性质，这个过程更加复杂，且时间范围不同。

- 对于持续多年的工作，你可能需要设置和管理年度或季度里程碑。
- 对于主要的项目集，你可能需要设置和管理月度里程碑。
- 项目集由项目组成，通常由每周里程碑进行管理。
- 项目涉及的任务，通常需要每日进行里程碑管理。如果遭遇危机等例外情况，可能需要更加频繁地对里程碑进行管理。

● 通过 7 个步骤管理里程碑进度

　　一个相互支持、以团队为基础的跟进系统能够帮助每个人交付成果。那些在团队会议中应用此流程的组织在团队绩效方面取得了显著的进步。未能应用此流程的团队几乎都无法实现预期目标。是的，里程碑管理流程非常重要。遵循这些步骤以及下文与本章末尾工具 7.1 中列出的准备工作与后续建议，才能确保团队顺利地按时实现预期结果。

　　第 1 步：准备。 用一个简单的工具追踪团队在当务之急研讨会上承诺的行动计划（准备做什么、由谁做、何时做），该工具可供团队随时使用。有多种技术工具可供选择，既有简单的，也有复杂的。选择团队熟悉的工具，或利用本章末尾工具 7.1 中的简单格式。确定开始里程碑关卡会议的日期，最好是在当务之急研讨会结束后一周之内。就会议的召开频率达成共识，例如，每周一次针对项目的里程碑会议，每月一次针对计划的里程碑会议，这样一来，整个流程会逐渐成为一种习惯。

第 2 步：更新。要求每个人在预定的里程碑会议前 24 小时内更新各自的里程碑进展，并记录自己的成果、学习情况以及需要帮助的地方。通常需要制订一些组织管理草案，选择跟踪方法，并建立时间框架，以便在流程开始之前提交和分发信息。如果在这一步就找借口，剩下的过程也会受到影响。没错，一开始可能很痛苦，但当它融入团队期望和价值观中，你会感激自己忍受了短暂的痛苦。

第 3 步：检查。每个人在会议前阅读更新内容，这样一来，你可以将一般的更新内容和报告从议程中删除。我们希望里程碑管理会议上的每个人都能了解最新情况，并做好准备，将注意力放在最重要的问题上。高管们通常会跳过这一步，这对团队非常不利。这个过程看似简单，但我们已经见过太多团队找借口避开该过程或不承担责任。毫无疑问，及时更新和会议前检查是成功里程碑管理的基本要素。

第 4 步：汇报。在每次会议的前半部分，让每个团队成员重点介绍他们的成果、学到的知识以及他们需要其他团队成员帮助的领域。

在这一步要避免常见的事无巨细的汇报方式。汇报应快速、高效和简洁。最好为每次更新设置一个时间限制（例如 3~5 分钟）。那些喜欢长篇大论的人可能不喜欢这种方式，但其他参与者会喜欢。严格控制时间有助于提高人们参会的积极性。

如果在这一环节安排讨论，会强化一种"先到先得"的心态，导致后面分享的人往往要面临时间不够的问题。这种时间利用效率较低。取消会议前半部分的讨论，优先考虑"我需要团队成员帮助的地方"。这通常是会议最重要的部分。每个这样的问题都应得到及时的关注。

另一种方法是假设每个人都阅读了其他成员的更新内容：完全跳过汇

报环节，直接解决问题（第 6 步）。

第 5 步：暂停并确定优先项。在每个人都完成汇报后，暂停一下。然后，在会议的下半部分优先将一定数量的问题拿出来供大家讨论。

这些项目未必是普遍认为的最重要问题，因为有些问题需要团队的不同小组或下级小组共同处理。对于后一类问题，你需要做好记录，将它们推迟到另一个会议上，让合适的小组去处理。现在优先考虑团队当前要处理的最重要的问题。尽量优先考虑偏离目标、处于危险中或需要帮助的问题。列出清单，将这些问题按优先级由高到低排列。

第 6 步：解决问题。在会议的第二部分，按优先顺序讨论团队最关键的问题和面临的机会。

团队可能无法解决所有问题。这没关系，因为要优先处理最重要的问题——正因如此，你需要暂停来确定问题的优先顺序。现在，你要弄清楚如何针对团队进行调整，从而实现最重要的目标，同时强化预先确定的决策权。我们将在本章后面的部分概述小组解决问题的过程。

第 7 步：结束循环。将其他问题推迟到下次会议或单独的会议中解决。对有所调整或有了新方向的跟踪报告进行更新。向需要了解情况的关键利益相关者传达这些重大变化。认可团队成员的努力，使计划始终保持在正轨上。

● 遵循 11 步流程解决问题

借助下面这个流程来解决问题，该流程需要提前做准备，并借助一个假设，参见本章末尾工具 7.2。

1. 提前分享阅读材料，让人们提前思考问题和可能的解决方案。提前阅读的内容至少应包括问题、当前的最佳想法、背景和一些潜在选项。

2. 从问题负责人当前的最佳想法开始。（你需要明确谁是问题的负责人，谁是决策者。）

3. 决定是否让小组来讨论该问题。如果是，请参阅第 4 步。

4. 回答问题以阐明情况（帮助人们了解环境和当前的最佳想法，而不是让他们进行评论或改进想法）。

5. 突出当前最佳想法的积极的方面，这些积极方面有助于其发挥作用。

6. 找出阻碍当前最佳想法发挥作用的障碍。（在处理障碍之前，列出所有的障碍物。）

7. 确定最主要的障碍。

8. 与所有参与者（包括问题负责人）针对最主要的障碍进行头脑风暴。让可能有助于解决障碍的团队成员进行陈述。要求采用如下表述格式："你现在做的事情是……"。

9. 问题负责人考虑并设定解决该障碍的可能方法。与小组一起进行检验。

10. 如果所检验的补救措施不够有力，请继续想办法处理此障碍。如果补救措施奏效，确定该措施能否解决整个问题。如果能，请继续执行操作步骤。如果不能，继续解决下一个最主要的障碍。

11. 行动步骤：针对谁应该在什么时候做什么达成共识，至此问题得以解决。

热点提示①：提前准备

最好在会议之前就让人们有机会提前思考问题和可能的解决方案。鼓励人们在会议前分享相关文件、分析和问题。提前阅读的内容至少应该包括问题、当前的最佳想法、背景和一些潜在的选择。

热点提示②：预测——黄色是有益的

预测是关键：如果不采取上述步骤，里程碑可能会从"正常"（绿色）直接变成"哦，我们错过了"（红色）。当人们发现，在没有他人帮助的情况下，有些问题"可能无法解决"（黄色）的时候，你会明白这个流程的作用。将你的精力和注意力集中在这些"可能无法解决"的问题上，寻求团队的帮助。这样可以使人们对将要出现的问题做到心中有数，并鼓励他们将未来的问题交给小组，以寻求帮助。

热点提示③：摒弃先到先得的心态

摒弃先到先得的心态。里程碑过程适合纪律严明的人员和团队。纪律性较差的人很难实践这一过程，因为他们希望先到先得。要抵制这种行为。按照流程操作。你会爱上它。（嗯，也许你不会爱它，但你会感激它。它能强化你的团队。）

热点提示④：融合

相互融合，而不是从上到下的管理。里程碑会议是跨越不同群体建立联系的绝佳论坛。你在组织中的地位越高，花在整合上的时间就越多，花在管理上的时间也就越少。高管不喜欢被上级管理，也不希望他们的决策权受到损害，但每个人都希望增加信息流动，增强项目和团队优先事项之间的相互依赖性。

热点提示⑤：分派项目管理

让其他人负责项目管理、指导并协调里程碑管理过程。这样一来，你可以将更多时间用于关注人和内容——激励、赋能和赋权。

热点提示⑥：让未做承诺的人离开

里程碑会使缺少纪律和重点的行为暴露无遗。人们会错过里程碑。如果有人错过了一个里程碑，并承诺加倍努力，弥补损失，那么没有关系。如果有人错过了里程碑，却什么也没说，或者辩解是因为其他更重要的优先事项而错过了这个里程碑，那么这往往是他们缺少承诺和责任感的表现。

热点提示⑦：坚持到底

查理（Charlie）第一次担任首席执行官，在当务之急研讨会上调整方向后，他利用每周的里程碑管理来加速团队发展计划的执行。6 年后，该团队多次调整计划，并继续每周举行一次45 分钟的会议，确保他们始终走在正轨上。在此期间，该组织的增长率翻了一番，股价翻了两番。查理将里程碑管理的顺利执行归功于其团队的执行能力和不断调整的能力。

项目集与项目管理、项目管理办公室

为了进一步明确里程碑管理流程，可以考虑采用以下定义。

- "企业层面的优先事项"是最重要的持续战略、组织和执行优先事项与流程。

- "项目集"是这些优先事项主要的长期组成部分，通常每月进行跟踪和管理。

- "项目"是项目集的子组件，通常每周进行跟踪和管理。

- "任务"是指实际的工作，这些工作包含在项目、项目集和优先事项中。一线主管至少每天要对其进行跟踪和管理。

项目集和项目管理者明确项目特定的目的和目标，收集数据，安排任务，管理项目集和项目的成本、预算和资源，以实现商定的目的和目标。

项目管理办公室（PMO）的职责范围更大，包括：参与规划、财务、资源配置和风险管理，相互合作，确保所有项目集和项目以高质量交付并实现预期成果。为此，项目管理办公室需要与各个项目集或项目管理者合作，设定项目集和项目目标，确定流程、工作流程、方法、资源限制以及项目集和项目范围。

换言之，项目管理办公室不负责任何项目集或项目的结果，而是负责实施所有项目集或项目。

根据企业层面的优先事项，构思潜在的项目集和项目。

明确项目集和项目，包括团队章程，以阐明项目集或项目团队

目的和方向（为什么）

- 使命、愿景、优先事项。

- 更明智的目的与目标：具体的、可衡量的、可实现的、现实的、有时限的、令人鼓舞的、令人兴奋的、有回报的。

- 背景：有助于实现目标的信息；目标背后的意图；目标实现后会发生什么。

方法（如何思考）

- 资源：团队可用的人力、财力和运营资源。在相似领域、提供支持的领域或相互依赖的领域工作的其他团队、小组和单位。

- 指导原则：明确团队在职能和决策方面可以做什么，不可以做什么，包括强制执行要素和企业范围的标准、程序和实践。

- 阐述获得特许的团队与其他相关团队之间的相互依赖关系。

实施（做什么）

- 责任：明确责任结构——谁在什么时候完成了什么，更新时间，完成时间以及成功和失败的后果。

根据投资回报确定项目集和项目的优先级——直接（项目集和项目本身）和间接（作为更大的项目集、优先事项或流程的一部分）。这种优先级排序不是一项简单的工作，因为始终要考虑资源（包括方法、工具和技术等增进力量的要素）和时间的作用。需要将稀缺的现有资源分配给最重要的计划和项目，同时努力培养未来的能力，扩大未来的产能。

根据项目集和项目的范围收集资源，并根据情况的变化在项目集和项目之间转移资源。

在团队内部、团队之间以及与高级管理层之间进行沟通和协调。

召开关键会议。

- 发送会议通知、议程和参会请求。

- 会议议程应包括：

- 会议目标；

- 会议时间安排与方法（现场会议、视频会议、音频会议）；

- 要求人们在会议中做什么（决定、贡献、学习）；

- 与会者，按议程项目列出他们在会议中的职能（作决定、贡献、学习）；

- 预先阅读，让与会者提前消化，以帮助所有人作决定、做贡献或学习；

- 在会议期间推动议程、保证会议进度并做笔记；

- 会后分发会议记录。

通过非公开的方式为其他人赋能，提供方法、工具、技术以及适当的指导和辅导，帮助他们开展工作。

管理里程碑跟踪流程：发布会议通知并广泛征求意见，跟进以确保人们提供所需要的意见，收集和传播意见，召开里程碑管理会议，发布会议记录。

分析数据：包括项目预算、财务、风险和资源分配，并根据精益项目管理提供适当的报告。

- **制定战略**：将企业层面的战略优先事项转化为可操作的标准。

- **收集**：收集和开发新的项目集和项目，推动持续改进和跨越式的变革。

- **决定**：对新的项目集和项目举措以及项目集和项目冲突作出明智的决定。

- **执行**：执行决策并管理项目集和项目，直至完成。

● 小结与启示

确定里程碑并立即对它们实施跟踪和管理。如果没有一个高效、清晰的流程来跟踪里程碑，采取行动交付结果，并根据需要进行调整，那么设置里程碑就是浪费时间。通过三个步骤使用此流程建立和加强预期的团队规范。

1. 设定里程碑。

2. 以团队为单位，定期通过有效的工具和流程跟踪并管理里程碑。

3. 实施小组解决问题的流程。

你应该问自己的问题

每个人是否清楚谁（职位）在什么时候（里程碑）做什么（目标），有什么资源和决策权？

我是否选择了合适的队长和团队成员？

我们是否在竭尽全力确保信息和资源流向需要它们的地方？

是否有一个管理里程碑成就的系统，使我不必事事亲力亲为？

我是否有效地将里程碑管理作为团队建设的工具？

我能否让团队诚实地按时更新里程碑，并在里程碑会议之前检查这些更新内容？

我能否确定所有的里程碑都在正常发展？如果能，如何确定？如果不能，原因何在？

工具 7.1 里程碑管理

利用该工具管理里程碑管理会议，并跟进团队的进度。

里程碑管理流程

准备：跟踪谁在何时做什么。

领导者每周或隔周组织团队召开一次里程碑管理会议。

在里程碑管理会议之前

更新：每个团队成员更新自己的进度。

检查：每个人在会议前阅读并检查更新内容。

如果需要帮助，则提前提交相关数据、阅读材料和分析等。

在里程碑管理会议中

第一部分：汇报

每个团队成员按照下列格式进行 5 分钟的汇报：最重要的成果，最重要的学习内容，需要帮助的地方。只做汇报，不做讨论。也可以选择跳过这一步，直接进入下一步。

第二部分：暂停并确定优先项。

汇报完毕后，领导者暂停，按优先顺序排列讨论话题。

第三部分：按优先顺序解决问题

小组按照优先顺序讨论问题，在每个问题上都要投入足够多的时间。

剩余的问题可以推迟到下一个里程碑管理会议或单独的会议上。对关键问题进行更新并向需要了解情况的关键利益相关者传达这些变化。

跟踪里程碑

成果：

学习：

需要帮助的地方：

里程碑　时间　人物　状态　讨论／需要帮助　优先事项

工具 7.2　解决问题

1. 提前分享阅读材料，让人们提前思考问题和可能的解决方案。提前阅读的内容至少应包括问题、当前的最佳想法、背景和一些潜在选项。

2. 从问题负责人当前的最佳想法开始。（你需要明确谁是问题的负责人，谁是决策者。）

3. 决定是否让小组来讨论该问题。如果是，请参阅第 4 步。

4. 回答问题以阐明情况（帮助人们了解环境和当前的最佳想法，而不是让他们进行评论或改进想法）。

5. 突出当前最佳想法的积极的方面，这些积极方面有助于其发挥作用。

6. 找出阻碍当前最佳想法发挥作用的障碍。（在处理任何障碍之前，列出所有的障碍物。）

7. 确定最主要的障碍。

8. 与所有参与者（包括问题负责人）针对最主要的障碍进行头脑风暴。让可能有助于解决障碍的团队成员进行陈述。要求采用如下表述格式："你现在做的事情是……"。

9. 问题负责人考虑并制订解决该障碍的可能方法。与小组一起进行检验。

10. 如果所检验的补救措施不够有力，请继续想办法处理此障碍。如果补救措施奏效，确定该措施能否解决整个问题。如果能，请继续执行操作步骤。如果不能，继续解决下一个最主要的障碍。

11. 行动步骤：针对谁应该在什么时候做什么达成共识，至此问题得以解决。

本 | 章 | 小 | 结

对高效能团队战术能力的真正考验，在于其交付结果的能力。成功的关键在于明确所有权、决策权和信息流动的运营实践，识别执行风险，使团队相互协作，重回正轨。

皇家加勒比游轮（Royal Caribbean）的前任首席执行官理查德·费恩（Richard Fain）这样解释道：

如果没有尽早确定关键里程碑——长期里程碑而不是短期里程碑，你会陷入"下周"综合征……每个人都说："下周或下下周我们就能了解更多"……因此，重点就被转移至下周或下下

周，我们都在急切地盼望着下周或下下周的到来。而长期里程

碑则被搁置一旁。[1]

[1] 乔治·布拉特:《皇家加勒比游轮首席执行官的里程碑管理之道》(*Royal Caribbean's CEO Exemplifies How to Leverage Milestones*),《福布斯》,2011 年 3 月 23 日。

第 **8** 章 争取早日成果

在上任 60 天内确定早期成果，在 6 个月内交付成果

在领导者上任后 6 个月左右，往往会发生这样的谈话。有人会向这位新领导者的上司询问他的工作状况。你很可能也参与过这样的对话。

"顺便问一下，新来的领导朗达怎么样？"

"朗达？她非常棒。我很欣赏她的智慧，她的态度。一开始进展可能有点慢，但她真的是个好员工！我真的很欣赏她。"

结果：朗达很可能要走了，或者至少是陷入了大麻烦。朗达可能还需要 6 到 12 个月才能发现这件事，但上司所谓的"进展可能有点慢"已经埋下了怀疑的种子，最终可能导致朗达的不幸结局。

毕竟，雇用高管的首要目的是交付成果，并且假设在这一过程中领导者要展现出必要的智慧、个性和态度。因此，当问及你上任后的情况时，你希望对方能回答具体的结果或早期成果。

与前面的回答相比，如果回答"朗达？让我告诉你她做的所有事情"，那就说明朗达成功了。当然，她并非是凭一己之力取得成功的。她要依靠团队的力量。但朗达让团队专注于实现早期成果，因此她可以为老板提供一些具体的话题。

早期成果可以提高领导者的可信度，并为团队提供信心和动力，这是三个非常重要的要素。对于美国航空航天局和阿波罗 13 号来说，解决氧气问题是最早要争取实现的成果，这能让整个团队相信最终可以取得成功，并使团队具备迎接其他挑战的信心以及在艰难险阻中继续前进的动力。

早期成果为团队注入了动力和信心。为此，新领导者必须在上任 60 天之内明确可以争取的早期成果，并为之努力。团队充分了解早期成果后，应该全心全意地投入其中，在你上任后 6 个月内交付成果！总的来说，早期成果并不等于大获全胜。它们发生在初期，有时是很微小但有意义的成功，它能开启团队获胜的势头。它是雷管而不是炸药。它是开场单打，而不是大满贯、本垒打。它是初次成功地检验市场，而不是全球扩张。加快已经在进行的事情，而不是开始新的事情，从而实现早期成果。

实现早期成果的方法相对比较简单。

1. 从里程碑列表中选择一个或两个早期成果。

- 选择能够产生重要的外部影响的早期成果。

- 选择上司希望谈论的早期成果。

- 选择你确信能够实现的早期成果。

- 选择能成为重要行为榜样的早期成果。

- 选择如果你不在场就难以实现的早期成果。

- 在许多情况下，早期成果在当务之急会议上就开始显露端倪。有时甚至在你上任第一天之前就能找出。始终关注完成早期成果的可能性。

2. 在上任 60 天内确定早期成果，并在 6 个月内交付早期成果。

早期成果意味着应在早期实现。确保在你上任 60 天内明确早期成果并开始为之努力，你和团队需在 6 个月内拿出成果。尽早做出选择，尽早开始沟通，尽快交付成果。

确保团队理解早期成果，并能按时交付成果。

当有人问及你的工作情况时，你的上司可以用早期成果做出具体的回答。

3. 投入大量资源，确保按时交付早期成果。

不要在早期成果上吝啬。合理分配资源，确保及时交付。在这些早期机会中投入的资源应当比你想象得更多，这样团队才能以超出他人想象的质量和速度交付成果。

保持警惕、快速调整。作为领导者，你需要保持密切关注，参与实现早期成果的进程，如果它们稍微偏离轨道或落后于计划，你需要立即做出反应。

4. 庆祝并传达早期成果。

当你取得早期成果时，应与整个团队共同庆祝。这一点非常重要，不可忽视。

确保你的早期成果能够传达到团队，并根据情况传达到团队之外的地方。

早期成果肯定会提高你和成员的可信度、信心、动力和兴奋感。还记得旁观者吗？他们既没有表达贬低之意，也没有站出来成为强有力的贡献者。但当团队拿出早期成果后，一些旁观者就会向团队靠近，并最终加入贡献者的行列中。毕竟，每个人都想成为获胜团队的一员，对吧？

热点提示：你很重要，但赢得胜利要靠团队

作为早期成果，必须符合以下条件：如果你不担任领导者，

就无法实现这个成果。如果在你没有介入的情况下，也可以交付成果，那么该成果就不足以被视为早期成果。早期成果意味着团队和其他利益相关者已经有所改进。但它应被视为团队的胜利，而不仅仅是你个人的胜利。

● 团队章程奠定胜利基础

由于早期成果能够为团队提供信心和动力，因此团队需要推动成果的实现。作为领导者，你可以在这个过程中指导、支持和鼓励团队，从而激励团队，并为团队赋能，但这不是你个人的胜利。这一定是团队的胜利。因此，作为领导者，你的职能是为团队奠定成功的基础，并为团队的努力提供支持。在这方面，团队章程及其五个组成部分很有帮助。详情请见下文中的工具 8.1。

● 小结与启示

早期成果能够提高领导者的可信度，为团队提供信心和动力。人们更愿意相信已经拿出成果的人。你希望上司对你有信心，你希望团队对你及他们自己有信心，而早期成果能够帮助你们树立这样的信心。

你应该问自己的问题

我是否确定了一个早期成果，以此巩固我的领导力并给团队带来信心？

我是否对团队的战略和战术能力抱有信心？

我能否确定自己已投入足够的资源来实现早期成果？

我是否制订了全面的计划进行监督和调整，确保尽早取得成果？

当我们为成果欢庆时，我要传达的信息是什么——我们在庆祝成果本身，还是在庆祝为实现目标所采取的行动，抑或两者兼而有之？

工具 8.1 团队章程

利用这个工具，让团队在通往早期成果之路上取得最佳开局。

1. 目的：目标是什么？

a. 明确界定早期成果。

b. 目标应是具体的、可衡量的、可实现的、具有现实意义且有时间限制的，从而明确定义早期成果以及实现成果所需要素。

2. 背景：我们为什么要这样做？

a. 解释早期成果的意图，确保团队成员了解各自任务的共同目的。

b. 提供足够的信息，帮助团队将预期结果可视化。（例如，如果存在客户要求，需要将此信息提供给团队。）

c. 明确接下来会发生什么。确保团队了解后续行动，从而保证团队在获胜后能够保持势头。

3. 资源：我们需要什么帮助？

a. 确保团队拥有并能够获得实现目标所需的所有人力、财力和运营资源。（请记住，为了实现早期成果，你需要投入足够多的资源。）

b. 明确需要哪些团队、小组和单位参与，明确他们的职能。

c. 及时分配资源以确保成果的交付。

d. 确定衡量结果所需要的基本数据。

e. 确保可以频繁且方便地获取所需数据。

f. 让团队成员知道，当他们在这个过程中遇到障碍时，你可以提供帮助。

g. 指导方针：我们如何获得这样做的授权？

h. 明确团队在其职能和决策方面可以做什么，不可以做什么。

i. 阐述获得特许的团队与其他相关团队之间的相互依赖关系。

4. 责任：我们将如何跟踪和监督？

a. 明确在什么时候由谁完成什么工作，明确你与团队如何跟踪里程碑，从而提前了解风险，并在错过里程碑之前进行干预。

b. 明确指挥、沟通和支持部署，使所有人都知道他们将如何进行合作。

c. 定期更新。

d. 在实现目标的过程中进行监督和调整，同时尽量减少意外后果。

e. 了解哪些迹象能够表明有必要进行方向修正或重新评估。

本｜章｜小｜结

早期成果有助于建立信誉和信心。人们会更加信任已经交付成果的人。你希望团队成员对你、对他们自己以及对已经出现的变革计划充满信心，你希望上司对你有信心，而早期成果能够帮助你们树立这样的信心。因此，在上任60天内明确团队要实现的早期成果，然后整个团队要加倍投入，在6个月内交付这些成果！

第 9 章 建立一支高效能团队

● 在上任 70 天内完成对团队的调整、培养、赋能、指导

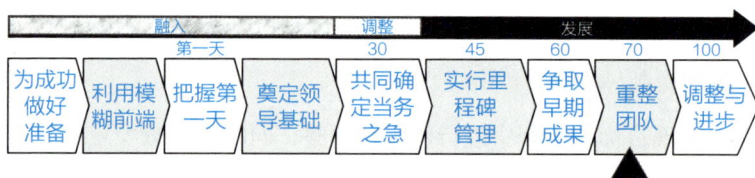

在工具箱的所有工具中，建设一支高效能团队是最强大的工具之一，也是最能引发剧变的工具。如果要发展（或撼动）文化，那么就团队成员的重组、招募、赋能和指导所作出的决定将是你要作出的最公开、最有影响力的决定。

通常，当一个文化或组织开始寻求演变，其团队成员会观察并等待，以判断不与新文化一起发展是否会有什么后果。他们会特别关注说这种话的人：“所有会议和报告都很好，但如果这意味着我必须改变自己所做的事，那还是算了吧！”当某人被解雇、调动或晋升时，那些一直抵制改变的人往往会对事情产生完全不同的看法。组织变革是快速影响文化的唯一方法。

发生人员调整时，团队中的每个人都会感受到这一点。每个人都会对这种变动及其影响持有自己的看法（通常是比较强烈的观点）。团队成员的变动会激发人们的不同情绪、恐惧心理与自尊，因此在进行人员调整时需要慎重考虑由谁担任什么职务。将人员变动视为最有效的沟通工具，它向人们传递了这样的信息：这个人说话算数，并且说干就干！

作为领导者，如果你尝试将团队和同事与他们的职业发展直接联系起来，那么你就可以帮助他们更加全面地认识自己的职位。很多人在团队中的位置并不利于他履行团队使命，甚至不利于他的职业发展。人员调整往往对个人和团队都有利。与他人就职位和事业发展进行有效的沟通，这是一项重要的领导技能，如果你能够提升该技能，不仅可以为你在上任 100 天内的成功奠定基础，也能为你作为领导者的长期成功奠定基础。

● 结构与岗位安排可能引发问题

请记住，你要接管的不仅是一个团队，还是一个结构和一系列岗位，它们可能有严格的定义，也可能只有宽泛的含义。不要默认当前的结构和岗位适合团队所要实现的目标。通常情况下，这些结构和岗位已有多年的历史，它们为一个使命和一套不再存在的目标而创建。先采取措施消除歧义，明确与团队当务之急相匹配的岗位与职责。因此，你可能希望等到上任第 70 天，此时你已经确定了当务之急（确认了业务的核心重点，并为结构和岗位调整提供了战略和实施环境），并看到团队成员在行动（提供了将个人与岗位相匹配的环境）。

有时，一个团队中 90% 的成员符合岗位要求，但他们的业绩却不尽如人意，因为他们要与 10% 的不符合岗位要求的人做斗争。那些与岗位不匹配的人就是外行。外行与岗位本身无关，它的原因在于人。这些岗位本身是合理的，但将该岗位的职能分配给具体的个人后，其合理性遭到了破坏。

有时，通过一个简单的问题就可以看出团队中是否有外行：你在工作中最不喜欢的部分是什么？倾听他的答案，从中探寻更多信息，最后找出"罪魁祸首"。找出这些外行，让他们离开岗位，然后将这些岗位分配给团队中更能满足其需求的其他人。人员的微小调整会对员工的绩效、敬业度和满意度产生巨大的影响。在重新考虑岗位安排时，不要害怕创新和标新立异。

有时候，团队中没有足够的人才来解决你的当务之急。或者，当团队需要重新考虑结构或岗位安排时，可能会出现新的岗位，最好从团队外部或组织外部寻找人才来填补这些岗位。如果你要额外招募水平更高或具备不同优势的人才，必须快速行动，慎重选择。团队的新成员（以及他们的技能组合）应该发出明确的信号，这些信号可以强化团队的当务之急及其不断发展的文化。

当巴里（Barry）接任伦敦一家营销服务公司的首席执行官时，他发现需要大幅提高该公司的客户服务能力。公司的客户服务能力没有跟上创新的步伐。在当务之急研讨会上，团队明确了这一点，并将该问题作为团队的首要工作。

客户服务工作由销售副总裁承担，尽管他的主观意图是积极的，但随着任务的发展，他无法将足够的注意力放在这项工作上。客户服务团队专注于回应客户的问题，而不是主动解决问题，并确保较高的利用率和满意度。随着业务的发展，需要通过客户服务团队之外的其他人的支持，需要跨职能协作，但他们仍以客户服务团队为主导。

由于提升客户服务的需求非常紧迫，因此巴里将该团队从销售部门剥离出来，并让该团队暂时直接向他汇报。该团队立即提升了客户服务要求，重新部署了各个岗位，确保整个团队专注于提高客户服务的主动性。

有了新的服务目标与更加清晰的岗位部署后，巴里任命一位忠诚的团队成员担任客户体验总监这一新职务，由他来领导客户服务工作。

提高对客户服务目标的关注度，岗位的清晰度也大大提高，且领导者专注于执行，团队很快在客户服务和满意度方面取得了长足进步。此外，没有了管理客户服务的负担，销售部门的领导者也能投入更多的时间，建设一支更加强大的销售团队，因此销售额开始增加。

● 计划框架

在对团队成员和岗位进行梳理时，你需要使用一个短期框架和一个长期框架。首先，确定上任 70 天内是否需要采取短期行动。然后，从长远的角度来培养你的团队。本章着重讨论较短期的框架。我们将在第 10 章深入探讨长期框架。

一切围绕核心重点和当务之急

首先明确完成使命、执行战略和实现目标所需要的结构和岗位组合。从长远来看，使命决定了一个理想化的组织构成。由此产生的战略和计划可以帮助你确定需要由哪些岗位来完成每天的任务，从而实现目标。这样一来，你知道需要设置哪些岗位，撤销哪些岗位，同时趁此机会清除外行。

如第 6 章所述，所有组织都要进行设计、生产、销售、交付和服务。从业务核心重点中，你可以看出哪些行动是你的主要职能。确定了这一点之后，你的首要任务就是协调所有职能，从而在组织与执行方面为主要职能提供支持，具体可参看第 2 章图 2-3。

应用 ADEPT 人才管理框架

确定核心重点，并将目标、组织结构、执行方法、文化和领导重点与你的核心重点、当务之急协调统一，接下来你需要从招募（Acquiring）、培养（Developing）、鼓励（Encouraging）、规划（Planning）和调整（Transitioning，简称 ADEPT 框架）的角度思考人才管理，从而加快团队发展。详见表 9-1。

表 9-1　ADEPT 人才管理框架

招募	研究岗位。精确度、深度和清晰度至关重要 明确预期结果 招聘，并选择合适的人才承担合适的工作 吸引合适的人才 让他们能够更快地交付更好的成果
培养	评估绩效驱动因素 培养当前岗位和未来岗位所需的技能、知识、经验和技巧
鼓励	提供明确的方向、目标、措施等 提供成功所需的资源、权限和时间 通过认可和奖励强化期望行为
规划	随着时间的推移监督员工的表现 评估他们的处境和潜力 为未来的能力培养、继任和突发事件做好规划
调整	将员工调至不同的岗位，满足他们的需求、个人发展与公司的需求

在招募、培养、鼓励、规划和调整人才时，要始终牢记组织的核心重点。

岗位要求

掌握了理想的结构和岗位安排后，你可以确定哪些岗位将对履行使命、执行战略和实现目标产生最大影响。负责这些任务的岗位是关键岗位。其他岗位也有各自的任务，人们只需圆满完成这些任务即可。因此，战略与人员应当匹配。此时你需要确定哪些岗位需要做到同类最佳，哪些岗位需要加大投入，哪些岗位可以保留或外包。

长期以来，航空业一直处于亏损状态，但美国西南航空公司（Southwest Airlines）每年都在赢利。部分原因在于公司已经明确了其关键职能。美国西南航空公司将大量资源投入维护工作中，因此能够保证更高的准点率。它将大量资源投入乘务员培训上，因此能够为乘客提供良好的体验。相反，公司对食品服务和地面等候空间的投入较少。

确定哪些岗位符合以下几点。

− 以主要的、优越的或强大的能力胜过其他人。

− 达到平均水平以上或足够优秀，从而立于不败之地。

− 外包、与他人结盟或根本不需要。

让合适的人承担合适的工作

你已经确定了合适的结构和岗位组合，并且明确了适合这些岗位的条件，现在你应该看一看这些岗位上的人是否合适（当前），以及应该将哪些人安排到新的岗位上。虽然你不可能组建一支完美的团队来解决当务之急，但如果运气好的话，只要稍加调整，就能打造一支一流的团队。然而，如果有重大的变革需求，你可能需要进行一次大检修。这样一来，你需要做好准备，面对大量的工作和混乱的局面。尽早完成评估。不要一边拖延和逃避必要的人员调整，一边又期待着发生神奇的转变。这是不可能的。

出于某种原因，人类天生喜欢推迟这样的决定。然而，经验丰富的高管表示，他们最大的遗憾就是未能迅速完成人员调整。因此你需要尽早完成对岗位的梳理，迅速采取行动。让合适的人承担合适的工作，并获得合适的支持，这是打造高效能团队的必要条件。如果没有合适的人搭配合适

155

的岗位，就无法组建起一支团队。

团队的使命、愿景和价值观以及个人优势可以提供一定的指导，帮助各个岗位找到合适的人选。优势是成功的必要条件，但只有优势还不够。人们必须具备对卓越的渴望，并且适合他所在的岗位，才能发挥出色。从优势、动机和匹配度方面进行思考将对这方面有所帮助。

优势

将合适的人与合适的岗位相匹配。马库斯·白金汉（Marcus Buckingham）和唐·克利夫顿（Don Clifton）在《现在，发现你的优势》（Now, Discover Your Strength）一书中提出了一个核心前提：如果一个人能够发挥自己的优势（包括天赋、知识和技能），他的表现会更好。根据盖洛普咨询公司（Gallup）的定义："优势是指在特定活动中持续提供近乎完美表现的能力。建立优势的关键是确认你的主要才能，然后获取与活动相关的知识和技能加以补充。"盖洛普咨询公司的"克利夫顿优势识别器"（Clifton Strengths Assessment）等工具可以帮助你更好地将你的才能与职能相匹配，并为团队的职业发展提供极大的助力[1]。

将努力积累的经验添加到这个基础模型中，也可以为你提供一定的帮助，因为人们从失败和错误中吸取经验教训，因此经验是"来之不易"的。在少数情况下，人们会将优势扩展到基于艺术关怀和情感的技术层面。这是对优势更加全面的定义，即优势包括天赋、所学知识、实践技能、努力积累的经验和师承技术。

动机

如果你了解员工的价值观、目标，以及他们在考虑这些目标时如何看

---

[1] 马库斯·白金汉和唐纳德·克利夫顿：《现在，发现你的优势》，纽约：自由出版公司，2001年。

待自己当前的工作，那么你就具备了巨大的优势，能够帮助员工找到并履行既适合他们自己，也适合公司的职能。查看近期业绩，回顾上任初期所做的记录（你给他人留下第一印象的时候），并反思你在上任前几周所进行的观察。

匹配度

匹配度取决于个人的文化偏好与组织文化的匹配程度。认真审视一个人在态度层面的视角以及他的价值观与偏好。

视角是一种态度，源于人们为思考和解决商业问题所接受的训练。它是人们的业务经验的积累，体现在他们的思维模式中。具有经典销售视角的人可能会认为，他们可以向客户销售任何产品。相反，具有更多营销视角的人可能会认为组织应该优化其产品和服务，以满足客户的需求。我们并不认为一种视角优于另一种视角，它们只是存在差异。

一个人的全部价值观不大可能与组织的所有价值观完全匹配。但重要的是，两者之间的大多数核心价值观要保持一致，并且不存在核心价值观的直接冲突。

不同的人在工作中的行为方式不同。有些岗位可能需要人们具有更强烈的紧迫感；有些岗位要求人们在投入之前进行通盘考虑。如果一个人总是很晚才开始一天的工作，而他又被要求在其他人走进办公室之前完成小组前一天的销售报告，那么此人不得不违背自己的偏好去工作，最终可能走向失败（并且给出不准确的报告）。

● 如果出现问题，不要等

在过去的 20 年里，我们已经举办了 50 多场首席执行官培训营，每场培训营都有 8~12 名首席执行官和其他专家参加。尽管如此，仍然有领导者后悔自己未能迅速对不适合某个岗位的员工进行调整。

再加上上级领导者最需要的，就是有人为他们清除枯枝败叶或其他障碍。因此，当你最终让一个人离开不适合他的岗位时，其他人会发出疑问："为什么你花了这么长时间才进行调整？"正如一位首席执行官所说，他知道其中一些人在想："我们开始怀疑你的判断了。"

一些领导者认为等一等没问题，但事实并非如此。从某种程度上来说，如果一个人承担着不适合自己的工作，那么他对此也心知肚明。尽早将他们放在合适的位置上（无论是在你的组织中还是在其他地方），这对所有相关者来说都是有利的。

● 应以多快的速度完成团队的人员调整？

一般而言，你需要按照计划，在上任后 70 天或 10 个星期内对岗位进行梳理，并完成人员调整。有时需要加快行动速度，有时需要用更长的时间来实施计划，但第 70 天是一个合适的时间节点，可以让你梳理清楚所有的事情。

调整过快也有风险。因为你可能会做出错误的决定，给人留下过于冲动的印象。在上任后的 70 天内，你有机会通过当务之急研讨会和里程碑管理来了解人们，其中一些人正在努力追求早期成果。到了第 70 天，你已经掌握了足够的信息，足以做出这些重要的调整。

但是，调整过慢会带来更高的风险。在上任后大约 100 天的时候，你就完全掌控了团队。一旦成为团队的全权负责人，问题员工就会成为你的问题员工。你不能再将团队的失败或未解决的问题归咎于前任领导者。此外，团队的其他成员知道薄弱环节出在哪些人身上，他们可能在你上任之前就已经知道了这一点。他们希望你能克服困难，做出调整。上级领导最需要的，是管理层对下属采取行动，从而使整个团队取得更高成就。如果你调整的速度太慢，团队的其他成员会质疑你为什么花了这么长时间。

需要明确的一点是，你可能无法一次性实施全部决策。你可能需要制订适当的过渡计划，以支持能力较弱的团队成员，或者让能力较强的团队成员暂时承担不适合自己的工作，然后利用这段时间招募合适的人才并使其尽快跟上工作进度。这并非意味着你要在上任后 70 天内完成所有调整，无论调整规模的大小。但你应该制订计划，有意识地把握行动速度，在采取行动时宁早勿晚。

热点提示

对团队进行人员调整的速度应比你想象得更快。相较于让一个人长时间地处于不适合他的岗位，变动速度过快所带来的风险几乎微不足道。

● 业绩与岗位的对应关系

将合适的人安排在合适的岗位上，这是成功的关键。本章末尾的工具 9.1 的重点是一个将人与岗位相匹配的网格。网格基于两个维度：业绩和岗位的匹配。对照网格进行检查，有助于确定哪些人承担了合适的职能，哪些人担任了不合适的职能，进而帮助你确定为哪些人提供支持，并为哪些人调整岗位。这是一个简单但高效的工具，可以帮助你思考复杂的主题。

对业绩的衡量以最后一次或当前对个人在其岗位上的审查与评估为依据。这种审查与评估将结果与目标相对照，并辅以最近观察到的业绩、行为和沟通。

岗位匹配度是该岗位所需要的优势、动机和匹配度与处在该岗位的人的优势、动机和匹配度之间的相关性。岗位描述应该体现该岗位所需要的优势、动机和匹配度。个人的优势、动机和匹配度可以通过他们的最新评估、盖洛普公司的克利夫顿优势识别器或其他评估问卷或工具获得。

请记住，有些人之所以不适合目前的岗位，可能是因为他们的能力已经有所提升，超出了目前的岗位需要。如果让这些人继续留在当前的岗位上，你所面临的风险会越来越高，因为这些人的动力会被削弱，或者更糟糕的是，他们可能会辞职。如果有迹象表明一个人正在努力弥补个人优势与工作所需优势之间的差距，也说明此人不适合他当前的岗位。比较合适的做法就是对他们的岗位进行调整。无论是哪种情况，制订一个计划，将每个人调整到更适合他的岗位上，这么做的价值显而易见。如果对此犹豫不决，你与团队都会陷入困境。

进行人才管理时，大多数组织都难以做到区别对待。以同样的方式对待所有人，会导致团队动力不足、缺乏创造力、缺少进步。每个团队成员都应该有一个高度个性化的人才发展计划。

首先逐一分析团队成员，以每个人的业绩（表现不佳、高效或杰出）以及他们是否处于合适的岗位为依据。工具9.1可以帮助你进行分析。

在这个初始阶段，一般的指导原则是，无论岗位合适与否，尽量将获得"杰出"评价的成员人数限制在10%~15%。"高效"的成员人数最多，且他们都处在合适的岗位上。首要任务是为他们提供支持。然后以不同的方式对待其他人，珍惜在合适的岗位上表现出色的员工，并尽可能帮助其他人提高业绩或改善他们的环境。[1]

---

[1] 乔治·布拉特：《人才管理的六种可变方法：投资、支持、珍惜、提升、超越或退出》（*The Only Six Variable Approaches to Talent Management Invest, Support, Cherish, Move Up, Over or Out*），《福布斯》，2017年6月14日。

● 佼佼者与三个有益

先将注意力放在优秀员工身上。太多领导者陷入了应对业绩欠佳员工的泥潭，以至于没有足够的精力去关注那些在合适的岗位上表现出色的人，直到他们走过来宣布自己要离职。

因此，你需要始终关注优秀员工，这样他们才不会生出离职的心思。请记住三个有益。

- 对他人有益。将"对他人有益"作为使命和目标的一部分，以此来激励优秀员工。

- 对工作有益。尽一切努力消除阻碍优秀员工的障碍，使他们能够做更多自己擅长的事情。

- 对自己有益。确保优秀员工得到应有的认可和奖励。随着优秀员工的知识、技能和成就的提高，你必须认可和奖励他们新的市场价值[1]。

● 职位概述和潜力

梳理业绩和岗位的对应关系，有助于尽快确定哪些人承担了合适的职能，哪些人处在不合适的岗位上。重要的是，不要混淆岗位匹配和潜力，因为两者之间存在显著差异。岗位匹配侧重于当前的职位。人们在当前职位上表现出色的可能性有多大？潜力侧重于增长、发展和未来的晋升。帮助人们晋升的必要条件是什么？什么时候晋升最合适？

职位概述有其固定的方式，可以为组织内任何特定岗位的成就奠定基

---

[1] 乔治·布拉特:《为什么不能做出或接受提高待遇挽留》（*Why You Should Never Make or Take Counter Offers*），《福布斯》，2015 年 11 月 18 日。

础。每个组织都有自己的职位概述方式。如果做得好，这些职位概述可用于招募、评估、指导、培养和提拔人才。好的职位概述包括几个关键要素：使命、愿景、优势、动机以及与职位的匹配度。我们将在下一节详细介绍这些要素中需要考虑的一些基准。

● 培养未来的领导者

当人们见到领导者或听到领导者的相关消息时，通常会想起人际型领导者，这类领导者会激励团队，并为团队赋能。尽管人际型领导者非常重要，但许多组织也需要艺术型领导者和科学型领导者。所有领导者的共同特点是激励他人不断进步，但这三类领导者激励他人的方式有所不同，见表 9-2。

表 9-2　艺术型、科学型、人际型领导者的特点

项目	人际型领导者	科学型领导者	艺术型领导者
处于什么样的环境？	背景	问题	媒介
重点是什么？为什么？	原因	解决方案	观念
如何取胜？	凝聚团队	更好的想法	新的措施
如何建立联系？	心灵	思维	精神
有什么影响？	行动	知识	情感

艺术型领导者通过影响情感来激励员工。他们会帮助我们用新的方式来看待、倾听、品味、觉察和触摸事物。你会发现，这些领导者创造了新的设计、新的艺术等。他们通常对统治或指导不感兴趣，他们致力于改变观念。

科学型领导者用他们的思维和想法来影响知识，从而引导和激励他人。你会发现，他们创造了新技术并且进行研究、写作和教育等工作。他们的想法往往经过深思熟虑，并有数据和分析做支撑，合乎逻辑。这类领

导者会开发各种结构和框架，从而帮助他人解决问题。

无论是团队、组织还是政治实体，人际型领导者都可以在其人际群体中发挥统治、指导和激励作用。这些群体的形态和规模各不相同，并以不同的方式影响行动。人际型领导者的共同特点是引领其他人。

问问自己，你的团队在各个岗位上最需要哪种类型的领导者？团队中是否需要某种类型的领导者，但他尚未加入？评估所有团队成员的领导潜力及其所属的领导类型，你能从中发现宝贵的线索，找到培养他们以获得持续成功的方法。最优秀的领导者的特点之一是有能力培养其他领导者。尽可能多地培养人才，这将为你的组织留下一笔财富，为组织带来持续的发展并激励多数人成长。

● 小结与启示

以确定合适的结构和岗位安排为起点，开始履行你的使命。明确每个关键岗位成功所需的天赋、知识、技能和经验，然后将其与合适的人员进行匹配。

通过对人才的招募、培养、鼓励、规划和调整，使组织更加壮大。

招募：招聘、吸引并引导具备合适才能的合适人选入职。

培养：评估和培养技术、知识、经验和技能。

鼓励：指导、支持、认可和奖励。

规划：监督、评估并规划长期的职业发展。

调整：根据需要进行岗位调整。

关注差异。在现实情况中，我们往往需要三种类型的领导者：影响知识的科学型领导者、影响情感的艺术型领导者和影响行动的人际型领导者。这三者并非相互排斥。将合适的人安置在合适的岗位上，并给予合适的支持，以建设团队，从而使团队迅速运转起来。

在这个环节，你往往需要做出一些艰难的抉择。试图取悦所有人，最终会令所有人都不满。对那些不适合其岗位或即将不适合其岗位的人员进行调整，通常会让人感到不快，但这是必不可少的一部分。

你应该问自己的问题

我是否以合适的速度进行人员调整，将合适的人安排到合适的岗位上？

我是否确定了正确的组织结构和岗位组合？

发现有人与其岗位不匹配的时候，我是否会立即做出艰难的选择？

我是否考虑到如何在领导团队中正确平衡领导技能和领导风格？

我是否制订了充分的发展计划？

我是否有适当的备用方案和应急计划？

我是否创造了一个良好的环境，有利于未来领导者的涌现和培养？

工具 9.1　岗位梳理

对人员的调整策略如表 9-3 所示。

在匹配的岗位上表现不佳：投入资源

尽可能明确他们的职能，解决他们在管理中的问题，为他们提供必要的培训或资源，帮助他们完成任务。

在匹配的岗位上表现高效：提供支持

适当投入资源以支持他们履行当前的职能，帮助他们继续成长和履行职责，并使他们获得幸福感。

表9-3　岗位梳理

	表现不佳 15%~20%	高效 65%~70%	表现出色 10%~15%
与岗位匹配	投入资源 （提升其业绩）	提供支持 （在当前岗位）	给予重视 （特别关注）
与岗位不匹配	使其离职 （以尊重和同情的态度迅速完成）	岗位调整 （通过入职计划迅速完成）	升职 （通过入职计划与导师制完成）

在匹配的岗位上表现出色：给予重视

投入大量资源帮助他们在当前的岗位上继续成长和履行职责，并使他们获得幸福感。

在不匹配的岗位上表现不佳：使其离职

以尊重和同情的态度对待他们，以尽可能少的投入使其离职。

在不匹配的岗位上表现高效：岗位调整

找出这样的员工，并在他们丧失动力或提出离职之前，将其安排到适合他们的岗位上。

在不匹配的岗位上表现出色：升职

在其他组织将他们挖走之前，为他们提供升职的机会。尽快提拔他们，给予他们更多支持，帮助他们在新岗位上取得成功。

工具 9.2　招聘简介

招聘职位名称、部门、薪酬等级、就职日期：

使命 / 职责

为什么设置该职位？

该职位的目的、目标和期望的结果是什么？

对组织其他成员的预期影响是什么？

该职位的具体职责是什么？

有哪些重要的组织关系和相互依赖关系？

对该岗位的愿景是什么（对成功的描绘）？

优势

需要具备哪些才能？（天赋）

需要具备哪些知识？（后天学习：教育、培训、经验、资格）

需要具备哪些技能？（实践所得：技术、人际关系、业务）

需要具备哪些经验？（努力积累所得）

需要什么水平的技术？（艺术关怀和情感）

动机

该岗位的活动与个人的好恶、理想工作的标准的匹配程度有多高？

个人将如何朝着期望的长期目标前进？

匹配度

该岗位期望的行为、关系、态度、价值观和环境偏好是什么？

公司的工作风格有哪些特点？

团队的工作风格有哪些特点？

主管领导的工作风格有哪些特点？

应聘者在多大程度上符合这些特点？

本 | 章 | 小 | 结

通过对人才的招募、培养、鼓励、规划和调整，使组织更加壮大。

招募：招聘、吸引并引导具备合适才能的合适人选入职。

培养：评估和培养技术、知识、经验和技能。

鼓励：指导、支持、认可和奖励。

规划：监督、评估并规划长期的职业发展。

调整：根据需要进行岗位调整。

一开始先明确合适的结构和职能，这样才能履行你的使命。针对不同的情况，如扭转局势、组织转型和并购整合，可能需要具备不同能力的人来解决不同情况下的复杂问题。明确每个关键职位所需的才能、知识、技术、经验和技能，然后为其寻找匹配的人才。

关注差异。在现实情况中，我们往往需要三种类型的领导者：影响知识的科学型领导者、影响情感的艺术型领导者和影响行动的人际型领导者。这三者并非相互排斥。将合适的人安置在合适的职位上，并给予合适的支持，从而使团队迅速运转起来。

第**10**章 调整与进步

● 在上任 100 天内不断提升和调整自己的领导力、实践方法、团队和文化

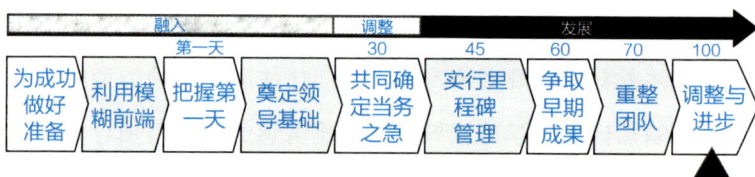

融入				调整		发展		
		第一天		30	45	60	70	100
为成功做好准备	利用模糊前端	把握第一天	奠定领导基础	共同确定当务之急	实行里程碑管理	争取早期成果	重整团队	调整与进步

现在你已经来到了 100 天的节点上。你制订了计划，利用模糊前端快速学习，完善了计划，并与所有关键利益相关者建立了稳固的关系。你向新的受众（上级、同级和下级）传达了明确的信息，从而参与文化建设，并给其他人留下了深刻的第一印象。团队共同确立当务之急，因而干劲儿十足。你已经建立了一个里程碑管理流程，在执行中推动责任制，并追求早期成果。你已经对团队进行了评估，并围绕未来的业务需求对团队成员进行调整。

那么接下来应该做什么？继续调整、继续前进。你需要在四个关键领域实现提升。

领导力。上任第 100 天是针对自己的领导力寻求反馈的好时机。你需要花一些时间来决定，针对你直接领导的团队和整个组织，应该保留哪些措施，停止哪些措施、开始哪些措施，从而实现更加高效的领导。

人员。决定如何根据不断变化的环境实施人才培养和相关流程。

实践。里程碑管理、长期规划和项目集管理：评估你是否始终在做正确的事情，是否采取了合理的行动来制订和实施计划。

文化。最后，在上任 100 天后，你对组织文化的见解将比上任初期的见解更加深刻。你也更加清楚应从哪些方面提升组织文化。瞄准最显著的差距并实施计划，从而打造和保持制胜文化，这将成为你最大的竞争优势。

● 调整并提升领导力

通过三个步骤调整并提升你的领导力。

第一步：评估你作为领导者的效率，确定需要调整的地方。

参考现有的文件——最初的百日计划，里程碑管理文件，文化变革追踪表，在提高多样性方面的进展或者近期财务结果——对比你的表现与你（以及董事会和上司）设定的目标。如果你的工作进展顺利，就将自己评为绿色；如果存在风险（但你有一个让工作回到正轨的具体计划），将自己评为黄色；如果你失败了（并且没有一个让工作回到正轨的具体计划），将自己评为红色。请你的上司也进行同样的评估，找出在认知或期望方面存在脱节的地方。

接下来，请上级、同级和下级的关键利益相关者对你的业绩进行 360 度的全面反馈（你也要回答同样的问题，这样可以将自己的想法与他人的想法进行比较）。这么做有助于你了解他人的感受，找出你自己和他人对你的看法存在哪些差异，学习如何征求并考虑他人意见。问题举例如下。

– 你所采取的哪些措施特别有效，应该继续保留？

  - 你所采取的哪些措施妨碍了工作效率，应该停止？

  - 你还可以采取什么措施来提高效率？

第二步：制订一个领导力发展计划，该计划不仅具体说明了要关注哪些方面以推动成果，也阐述了如何与团队成员沟通并领导他们，从而提高敬业度。

根据自我评估与 360 度反馈的结果，制订你的发展计划。确定战略、执行和组织事宜中的关键可交付成果，确定需要加强的关键领导习惯，从而提高效率。

第三步：确定提供支持的合作伙伴，帮助你完善计划并使工作保持在正轨上。一开始依靠上司确保自己按照优先顺序处理工作。建立一个滚动的议程，在固定项目和可变项目之间保持适当的平衡，定期进行沟通。如果你的需求之一是加强组织规划，可以借助助理或参谋长，确保你的时间被分配到关键项目上。如果你需要行为方面的指导，可以找一位值得信赖的导师或前任上司、董事会成员、人力资源合作伙伴、来自组织之外的教练或顾问。

无论如何，你都需要寻求支持，帮助你将期望转化为行动，将行动转变为习惯。你需要不断进步，成为更加优秀的领导者。

● 培养团队

第 100 天是一个绝佳的时间节点，此时你可以集中精力培养个人和整个团队，确保他们能够取得更加长远的成功。

启动一个过程，使长期组织发展计划与长期（三年以上）战略计划保持一致。仔细考虑以下四个组成部分。

1.未来能力提升计划，从长期战略开始，然后思考需要哪些能力来执行长期计划。将这个未来的组织计划与当前的组织现状进行对比，明确两者的差距。一般来说，你可以通过以下措施来弥补这些差距。

- 提升现有员工的优势，主要通过增强天赋与所学知识、实践技能，分配任务以积累经验，提供机会以施展技能和才华，强化师承的技术层面的艺术关怀与情感。

- 招募具有其他才华的新人，并逐步培养他们。

- 在时间紧迫时招募无须大力培养即可胜任工作的员工。

- 在必要的时候招募马上就能开始工作的员工。

2.继任规划，从关键岗位上的人员开始，确定未来哪些人可以接替他们的工作。其中一些可能的继任者可能需要继续培养。

3.应急计划，判断在一位领导者因故无法履行职责的情况下，哪些人可以接替他完成工作。其中一些人可能会长期承担该职能，另一些人可能会暂时承担该职能，还有一些人可能来自组织之外，在短时间内承担该职能。

4.绩效管理和人才盘点，监督个人发展计划的落实进度，并帮助他们最大限度地发挥潜力，主要措施包括：向相关人员提供培训，以完善其知识体系；安排他们参加相关项目，以加强实践与技能；为他们分配任务，以积累经验。

上述四项措施应以年为单位进行部署。

加强实践：里程碑管理，项目管理和长期规划

里程碑管理

现在，你应该可以顺利追踪里程碑的进度，使团队专注于最重要的可

171

交付成果。每月追踪，但是当里程碑偏离目标时，你需要增加追踪频率，直至它回归正轨。

此时，你需要停下来评估跟踪过程。里程碑管理是否按照计划进行？我们是否在追踪正确的里程碑？我们的会议是否高效并聚焦最重要的问题？根据需要进行分析和调整。

长期规划

你也需要在长远的考虑与短期的执行之间寻找适当的平衡。仔细思考，将长期问题（人才盘点、战略规划与回顾、未来能力提升计划、继任规划、应急计划、执行情况回顾）纳入季度会议日程，确保每年至少处理一次上述每个问题。

我们的建议是，每月召开一次会议，每季度增加一次会议，用来处理长期问题。这是一个循环，每一个问题都在为下一个问题做准备。以日程安排为起点，然后根据你的情况进行调整，以满足组织的需求，避免遗漏任何关键部分，具体会议流程见表10-1。

表 10-1　典型的季度会议流程

每月	里程碑更新和调整
每季度的中间月份	业务回顾和调整，并深入探讨一个专题 专题： 第一季度：人才盘点 第二季度：战略回顾和规划 第三季度：未来能力提升计划、继任规划和应急计划 第四季度：执行情况回顾和规划 利用工具10.1进行业务回顾

项目集管理

如果你还没有考虑过项目或项目集管理能力，现在是时候开始了。作为一位新任领导者，无论是取代其他人接任领导者，还是走上组织合并、收购或重组后产生的新职位，你可能都需要进行组织调整并提高业绩（特别是在私人股本或风险投资的企业中），留给你完成该任务的时间之短，可能令你难以适应。

因此，团队可能会引入几个新项目。这些项目可能是为了推动创新、提高销售效率、降低成本或提高执行水平，满足基准人力资本需求，升级系统，升级团队或确定联盟伙伴和并购目标。

到上任第 100 天，你会发现，组织能够理解你希望推动的变革规模，理解你可以同时成功实施的新项目数量。如果举措的数量过多（这种情况很有可能发生），你可以通过项目集管理来提高团队的整体能力。

项目集管理是同时管理几个相关项目的过程，其目的是提高组织效能。掌握了项目集管理技能，团队可以了解多个项目的依赖关系、瓶颈、资源问题和时间上的冲突。一位优秀的项目集管理者可以辨别挑战，提供选择，并帮助团队作决策。对于一些新团队来说，除了日常职责外，管理一到两个新项目已是相当复杂的任务。想象一下，如果同时存在多个项目，局面是多么混乱，更不用说像收购这样的大型项目了，简直乱象丛生！

或许你会发现，组织中已经存在项目集管理的技能组合。你需要关注的领域可能是信息技术、运营、财务、战略和产品开发。如果你尚不具备必要的技能，可以考虑聘请全职或兼职的项目集管理专家，帮助你管理众多计划，实现预期结果。参见本章末尾的工具 10.3。

● 发展文化

现在，你已经在新的岗位上工作了 100 天，这是推动组织进一步走向你的目标文化的好时机。

新领导者在文化建设中的作用可划分为五个阶段。

1. 确定你的文化偏好（为成功做好准备）。

在这个阶段，在接受并开始工作之前，你需要评估个人与组织文化的匹配程度。

2. 观察组织已经明确的和未明确的文化认同（利用模糊前端）。

在这个阶段，你需要有目的地搜集信息，为你即将进入的文化做好准备。

3. 制订参与文化建设的计划（在上任第一天之前）。

在这个阶段：

- 对组织变革的需求与变革的准备情况进行评估，以此为依据确定自己进入组织时的自信程度（确定采取撼动组织、吸收或融入与发展的领导方式）。

- 确定利益相关者中哪些人是抵制者，哪些人是支持者，哪些人是旁观者，在此基础上集中精力建立关系。

- 构建并完善信息传递网，你所传递的信息需要反映团队的变革机会和行动号召。

4. 在上任后 100 天内着手影响和推动文化发展。

在这个阶段：

- 尽早传递信息，你所说的话，你所在的地方，你将时间花在哪些人身上，这些都可以表明你重视哪些东西（你的价值观）。

- 共同确立当务之急，这是定义文化的重要步骤，需要与使命、愿景、价值观、战略、行动和执行节奏保持一致。

- 建立里程碑管理工具，推动实现早期成果，以此确立文化基调。

- 针对人员和结构进行决策，通过支持实现愿景的文化变革，将这些决策信息传递给人们。

5. 在上任 100 天后发展文化。

三步法

第一，确保你和你的领导团队在具体的价值观与行为上与你试图融入的文化保持一致。

第二，与你的领导团队协作，从文化的各个维度对整个组织进行评价：行为、关系、态度、价值观和环境（BRAVE）。明确你认为团队需要关注的地方，使其接近理想状态。

第三，现在你和你的领导团队已经在BRAVE上达成一致，并且明确你需要在其中的哪些地方进行提升，接下来可以对反映前进方向的业务流程实施变革。确保核心人员的流程能够为你嵌入所需要的文化，从而巩固这些变革。

业绩反馈与奖励和认可

不仅对可衡量的结果提供反馈，还要对符合目标文化的行为进行反馈。尽可能在行为发生的瞬间提供更多的反馈。

公开表扬那些不仅取得了具体成果，而且表现出理想行为的人。

内部沟通

积极的内部沟通是文化发展的命脉。首先，表明态度，对于你所推动的文化，你希望加强哪些方面。如果人们需要更加紧密地团结在一起，共同解决客户问题，可以成立一个"午餐分享会"或类似的计划，用于分享信息，统一思想。或者鼓励领导团队的成员邀请同事参与他们的员工会议，分享来自其他部门的新闻。如果你希望团队和文化在市场上变得更加进取，那么对于团队成员表现出自信、敢于冒险并赢得业务的成功案例，需要大加庆祝。

想法会流动。你只需要确保将自己的信息传达给受众，并采用连续的、多媒介的方法来传播文化。

● 针对不可避免的意外情况进行调整

加利福尼亚大学洛杉矶分校篮球队的传奇教练约翰·伍登（John Wooden）曾带领球队取得了惊人的优异成绩——10届美国大学体育协会的冠军。他说："充分利用既有结果的人，就会获得最佳结果。"作为一位领导者，你需要决定如何充分利用既有结果。无论前100天的过渡计划有多么完善，无论你在后续行动中多么严格地遵守规则，仍会有出人意料的事情发生。一般来说，能否在应对意外的同时继续保持前进，决定着你在新的领导岗位上能否成功完成过渡。

尽早尽快地着手部署战术能力的构成要素，这样做的好处之一是，你与团队可以做好准备，针对不断变化的环境和意外情况快速做出调整。请记住，灵活且连贯的应对能力标志着团队具备一定的战术能力。提前做好年度、季度、月度的会议日程安排，使团队认识到随着时间的推移可能会对团队造成影响的变化，并及时做出反应。

并非所有的意外情况都需要同等对待。你的首要任务是对这些意外情况进行分类，从而指导你和团队的应对策略。如果这是一个小的、无关紧要的、暂时性的小插曲，请让团队先专注于眼前的优先事项。如果是微小但持久的意外，你需要将其纳入正在进行的人员、计划和实践发展中。

对重大的意外情况要采取另一种应对方法。如果这些意外情况是暂时的，可以采取危机或意外情况管理的方式。如果这些意外情况是不可逆转且持久的，你需要及时应对，做出一些根本性的改变来解决新的现实问题。当你要评估变化时，可以使用变革映射表，它能帮助你做出适当的可衡量的回应，见表10-2。

表 10-2 变革映射表

类型	暂时性影响	持续性影响
小变革	淡化：控制并将精力集中在优先事项上	发展：纳入持续的团队工作进展
大变革	管理：部署意外情况管理响应计划	重启：需要从根本上进行重新布置

重大但暂时性的意外情况

就重大但暂时性的意外情况而言，它最初的性质可能是有益的，也可能是有害的。这种性质未必会一直保持下去。如果危机处理得好，意外情况可能会变成好事，但如果处理不好，大事件也很容易演变为严重的危机。这种差异的原因在于是否提前做好了准备，实施了应对措施，吸取经验教训，寻求改进以应对下一次意外。我们将在第 14 章进行更加深入的探讨。

重大且持久性的意外情况

持久性的重大变化需要你从根本上进行重启。这些重大变化可能牵涉到客户需求，合作者方向，竞争对手的战略，或者你在进行经营的经济、政治或社会环境。这些重大变革可能发生在内部，如重组、收购或分拆，新老板上任，或者你的上司迎来了新老板。

无论变化的内容是什么，只要它是重大且持久的，都需要进行重启。回到初始的状态，进行充分地形式分析，确定关键利益者，重新回顾你的信息，重新开始沟通计划，并围绕新的目标对人员、计划和实践进行调整。请记住，最合适的就是最好的。

● 小结与启示

领导力。评估你的领导力，制订领导力提升计划。寻求支持以实施该计划。

人员。投入资源实施未来能力提升计划、继任规划和应急计划，业绩管理与每年的人才盘点。

实践。**里程碑管理，长期规划和项目集管理**。确立执行节奏，每季度进行业务回顾和长期规划流程，每月进行里程碑更新。如果变革的规模较大，超出组织现有流程的管理能力时，可以投入资源，采用项目集管理技能组合。

文化。让领导团队参与文化建设，利用相应的工具加强并加速变革计划的实施，从而缩小当前文化与目标文化之间的差距。

意外情况。发生不可避免的意外情况时，根据其影响程度与持续时间进行调整。

结果取决于开始（*Finis originae pendet*），这是 1 世纪拉丁诗人马库斯·马尼留斯（Marcus Manilius）的名言。走上新的领导岗位或进行团队合并时，如果没有良好的开端，就难以收获满意的结果。

相反，如果遵循本书的框架并采纳我们的建议和工具，你将在合适的时间内以适当的方式带领团队抵达正确的地方。这样一来，你可以建立团队成员对你和组织的信任、忠诚，团队成员也会追随你。

使用本书所介绍的行之有效的入职方法，可以对人员、计划和实践三个方面进行强化，并使之协同一致，从而构建战术能力，激励他人，并为他人赋能，从而使大家团结一致，竭尽所能地实现一个有意义、高回报的共同目标，即以超出他人想象的质量和速度交付成果。

工具 10.1 季度回顾

利用此工具及其典型议程规划你的季度会议节奏。

主题：财务结果与计划、前一年财务状况和预测情况的对照分析。关

键举措的进展

每个季度：

前一季度回顾：结果与预期的对照分析以及可利用的经验

当前季度更新：跟踪进度并进行战术调整

下一季度：确认实施细节

两个季度后：最终确定计划

三个季度后：就预备性计划达成共识

四个季度后：就优先事项达成共识

季度回顾过程中要涵盖的年度任务：

第一季度：人才盘点

第二季度：战略规划（三年财务目标）

第三季度：未来能力提升计划、继任规划、应急计划

第四季度：明年的运营计划和预算

工具 10.2　内部沟通

利用这个工具规划你的内部沟通。

通过间接沟通提高人们的服从意识。

通过直接沟通帮助人们加深理解，鼓励贡献。

通过情感沟通激发信念，提高忠诚度。

间接沟通（通过相对大众的媒介和大型团体会议）

– 每日发布日志

– 每周更新

– 每月小结

– 季度和年度评估

– 必要时的特别公告

直接沟通（小型会议，允许人们提问、回答和讨论）

– 每日 / 每周 / 每月的员工会议

– 季度回顾

– 特别会议

情感沟通（一对一沟通，以了解彼此的情绪）

– 促成重要行为的先决条件

– 行为

– 行为的后果（积极结果与消极结果）

利用 ABCDE 模型提高沟通效率：

A– 受众（audience）：确定沟通的目标对象。

B– 行为（behavior）：明确你期望受众做出的行为（信念、理解、承诺）。

C– 内容（content）：设计信息和具体的内容。

D– 设计（design）：确定沟通的方式、模式和环境。

E– 评估（evaluation）：评估沟通在推动期望行为方面的有效性。

工具 10.3　项目集管理

利用该工具帮助你进行项目集管理。

目的 / 目标：具体的、可衡量的结果。

背景

– 有助于实现目标的信息：

– 目标背后的意图：

– 目标实现后会发生什么：

资源：团队可用的人力、财力和运营资源。在相似领域、提供支持的领域或相互依赖的领域工作的其他团队、小组和单位。

指导原则：明确团队在职能和决策方面可以做什么，不可以做什么。获得特许的团队与其他相关团队之间的相互依赖关系。

责任：结构、更新时间和完成时间。

岗位和职责：负责的、可问责的、接受咨询的、知情的。

工具 10.4　指导与支持

利用这个框架提升你的领导力，它也可以帮助你建立一种指导、支持关系。

1. 从结果开始：目的、目标、最终的状态

2. 了解当前的现实：当前状态

3. 就优势和障碍达成共识：什么在发挥作用、什么在导致差距

4. 弥补差距的计划：态度？关系？行为？

5. 实施、监督、调整：变化和影响

战术方面：

回顾性指导：哪些取得了良好的效果？哪些效果不佳？能得到什么启示？

面向未来的指导：需要解决的障碍、问题有哪些？如何缩小差距、解决问题？

工具：

利用 360 度反馈或更加详细的诊断工具来确定需要改进的方面

- 利用可信赖的第三方（其他组织中的人力资源管理者、教练、顾问、导师）

- 让可信赖的第三方参与并获得直接下属、同事和上司的反馈

- 寻求相关反馈，明确为提高效率应保留哪些措施，停止哪些措施，开始哪些措施

－ 向第三方和上司汇报，确定重点领域、行动和指导程序

本｜章｜小｜结

在上任 100 天内，你需要将计划落实到位，利用上任之前的时间快速学习，与关键利益相关者建立牢固的关系，融入组织文化，并向新受众（上级、下级、同级）传达明确的信息，从而给他们留下深刻的第一印象。你的团队已经到位，他们共同确定了当务之急，因此充满干劲儿，你需要采用里程碑管理实践，推动责任制并交付早期成果。

那么，接下来要做什么？随着下列四个关键领域的持续发展而不断前进。

领导力。第 100 天是一个绝佳时刻，你可以进行自我评估，寻求他人的反馈，从而帮助你确定应该并且如何保留哪些措施、停止哪些措施、开始哪些措施，从而在团队和整个组织中更加高效地发挥作用。

人。确定如何根据不断变化的情况完善人员与相关流程。

实践。现在是决定如何改进实践方法，从而充分利用多变环境的好时机。你需要关注与人、计划、业绩跟踪和项目管理相关的实践。

文化。最后，100 天后，你对文化的洞察力将比刚开始时更加敏锐。此外，你对文化的发展前景有了更加明确的认识。现在应该瞄准最大差距，并实施计划，从而营造并维护制胜文化，

这将成为你最具竞争力的优势。

　　随着领导力、实践与文化的不断演进，你与团队才能随着时间的推移更快、更可持续地交付更好的成果。

　　沃尔玛（Walmart）首席执行官迈克·杜克（Mike Duke）认为，我们始终都是新上任的领导者。因此组织的变革管理始终是他人生中的一部分。2010 年假期销售季结束时，沃尔玛未能实现预期结果，迈克立即更换了销售负责人，及时对假期销售措施进行了彻底调整，并在下一季度的财报会议上宣布了这些调整。[①]

---

① 乔治·布拉特：《沃尔玛首席执行官迈克·杜克调整策略》（*Walmart CEO Mike Duke Shifts Approach*），《福布斯》，2011 年 3 月 1 日。

第二部分

PART 2

特殊情况下的
领导力计划

第11章 管理新董事会

董事会的核心是监督、批准最重要的决策并提供建议，而管理层则负责战略、运营和组织。最佳做法是让这些人合作，补充和支持彼此的职能与优势。说起来容易，但要在不同类型的董事会和组织中做到这一点却相当困难[1]。

董事会的职责

美国营利性公司的董事会通常负责"从股东利益出发，争取公司价值最大化"[2]，这是一条一般性原则。为此，董事会要根据董事的谨慎和忠诚义务进行决策并提供监督。从本质上来说，这意味着在管理、战略、组织和运营的过程中，董事会成员必须从组织的最大利益而非个人利益出发，做出正确的商业判断，他们要做到以下几点。

- 管理。制定广泛的政策和目标，对需要严格执行的流程进行监督，同时考虑合规性、财务、管理、法律和风险等方面的问题。

---

[1] 乔治·布拉特：《董事会与管理层如何共同创造价值》（*How Boards and Management Best Create Value Together*），《福布斯》，2015 年 4 月 29 日。

[2] 《公司董事指导手册》（*Corporate Director's Guidebook*）－美国律师协会。请注意，美国部分州的法规规定，董事会需考虑决策对社区、员工等方面的影响，有些法规规定，在事先通知股东的情况下，董事会可以在利润与社会公益之间进行权衡。同样，欧洲董事会服务于"利益相关者"而非"股东"。

- 战略。批准战略计划、重大支出和交易，以及重要资产或实体自身的收购或变卖。

- 组织。决定首席执行官的任用。批准首席执行官和最高管理层的任命、继任及其薪酬计划。对董事会自身进行完善和提升。

- 运营。批准对必要财政资金的申请计划、年度计划和预算，对维持和提升组织公共形象所采取的行动进行监督。

不同类型董事会的适用性

公开型董事会代表上市公司的股东。他们接受最严格的监管和审查，大部分时间都以董事会成员的身份参与监督和决策。管理层需要向这些董事会成员提供监督和决策所需要的各种资源，然后实施董事会的决策。

私人受托型董事会代表非上市公司的所有者。虽然不需要接受所有的公共监管和审查，但他们也需要面对许多监管和审查。为了公司所有者的利益，他们也必须进行监督和决策。

私人非受托型董事会主要承担咨询和监督职能，由公司所有者承担受托责任。这些所有者可能是私人股本公司、家庭或个人，他们的组织运营的成熟度、所面临的问题与机遇有所不同。谨慎行事，以免"董事"承担受托责任。管理层需要关注正式董事会背后的影子董事会，确保他们执行正确的决策。

非营利型董事会除了履行受托职责外，可能还要承担其他职能，包括筹资、贡献私人时间、为组织与战略合作伙伴建立联系，担任关键利益相关者的顾问或代表。

共同创造价值

正如 PrimeGenesis 合伙人罗布·格雷戈里（Rob Gregory）所说："如

果管理层和董事会目标一致，以共同的愿景为基础，理解各自的职能与责任，那么大多数关系问题都可以得到解决。"这种对未来何时发生何事的共同愿景，有助于明确董事会成员何时需要进行决策，何时进行监督和提供支持。在这一过程中，管理层需要知道在什么时候、为什么以及如何为董事会成员提供他们工作所需要的工具和支持。

在最佳的价值创造伙伴关系中，管理层重视董事会成员的监督、批准和咨询作用，并向董事会提供完成这些工作所需的信息。董事会成员应当谨慎，不要将监督、批准或建议与其所承担的责任混为一谈，让管理层进行管理。

考虑到这一点，理想的董事会构成能够对管理层在领导力和行业方面的优势，及其专业技能（技术、知识产权、财务、审计、风险管理、市场营销、政府关系和人力资源，特别是薪酬）与全球视角提供补充。可以说，董事会能够获得、开发和处理的最重要的资产是董事会成员本身。

共同创造价值的关键是董事会和管理层之间密切合作。要做到这一点，需要做到以下几点。

1. 确保每个人对成功、主要里程碑与最后阶段时间安排达成共识。

2. 明确职能、责任、相互依赖关系与最佳合作方式。

3. 集合并培养董事会和管理团队的互补优势。

对于公司所有者、董事长、首席执行官、首席运营官和其他执行团队之间的责任划分，不存在唯一的正确方法。将权力下放，这种授权取决于业务背景和领导者对彼此的信心，如图 11-1 所示。

话虽如此，瑞塔斯与隼头投资公司（Rita's Italian Ice and Falconhead Capital）（拥有公司控股权益的投资公司）开发了一种有效的工作模式。瑞塔斯与隼头投资公司的执行董事会主席迈克·洛雷利（Mike Lorelli）解释了他们划分职能的方法。

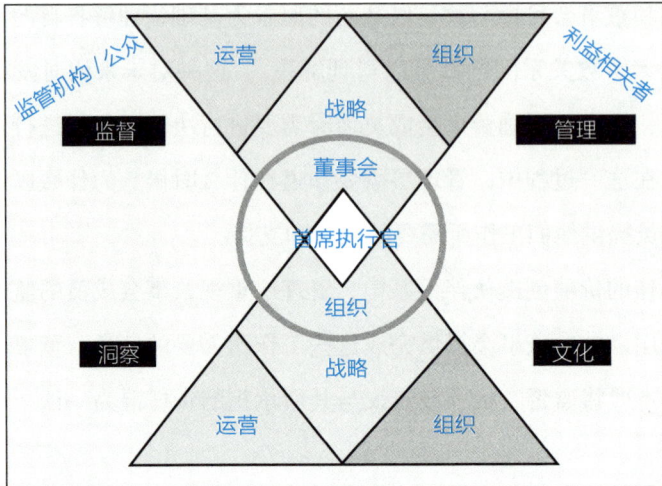

利益相关者：股东、员工、客户、供应商、当地社区，版权归属 PrimeGenesis www.primegenesis.com。

图 11-1　董事会职能与管理层

执行主席带头：

– 管理董事会；

– 处理外部资金（投资者与贷款方）；

– 合资企业的事业和关系；

– 补偿措施；

– 管理发展；

– 首席执行官继任；

– 战略计划指导。

首席执行官通过以下流程领导公司运营：

– 战略流程；

– 运营流程；

– 组织流程。

妥善运用这个工作模式，它将带来良好的效果。想想比尔·盖茨

（Bill Gates）退居二线，请史蒂夫·鲍尔默（Steve Ballmer）来管理微软
(Microsoft)，然后萨提亚·纳德拉（Satya Nadella）又在 2014 年顺利接任首
席执行官这一职务。但是，如果该模式得不到妥善的应用，所有试图追随
领导者的人便不得不承受痛苦和折磨。如果领导者不能理清自己的责任，
就无法向其他人提供明确的方向。

概括起来，我们在这里提供一个粗略的指导，帮助你划分执行主席和
首席执行官之间的职责。

1. 所有者将权力授予董事会。

董事会主席或首席董事负责管理董事会（这是非执行主席的唯一责
任。从定义来看，执行主席是公司的员工，在辅助首席执行官领导公司的
时候发挥更加积极的作用）。

2. 首席执行官管理公司。

3. 首席运营官、首席财务官、首席人力资源官和其他人帮助首席执行
官完成核心业务、战略和组织流程。

4. 人们能否挺身而出，取决于他们对推选出来的人的能力是否有
信心。

将它作为一般框架。真正重要的是职能的清晰性与激励他人、为他人
赋能和赋权的领导力。

德勤有限公司（Deloitte）的首席执行官于 2019 年发表了一篇题为
《七步建立更具战略意义的董事会》的论文①。这份研究虽然存在避重就轻
的问题，但仍然值得一读。这七个步骤表明，首席执行官在管理董事会和

---

① 文森特·费尔斯（Vincent Firth）、莫琳·布诺（Maureen Bujno）、本杰明·芬
奇（Benjamin Finzi）和凯西·卢（Kathy Lu）:《七步建立更具战略意义的董
事会》（*Seven steps to a more strategic board*），《德勤研究》（*Deloitte Insights*），
2019 年 7 月 8 日。

建立基于"相互尊重、信任和支持"的关系中发挥重要的领导作用。这是重点 ①。

德勤的七个步骤如下。

1. 首席执行官，在董事会管理中发挥积极作用（要看你如何做）。

2. 不惧透明。保持开放和谦逊。

3. 利用紧张感。通过辩论成长。

4. 提升董事会体验，而不仅仅是召开董事会会议。随着时间的推移建立关系。

5. 整理信息，然后再次整理。提供足够的信息，但不要提供过多信息。

6. 是否担任董事会主席？慎重思考这一问题，选择你的影响力级别。

7. 对董事会的构成发表真实看法。随着时间的推移，建立合格的董事会。

与上市公司董事会相比，私人股本公司的董事会可能略有不同，原因有以下三点。

第一，大多数董事会的席位和投票权由私人股本公司的成员持有——他们已经建议并批准对该公司的投资，并且往往在结果中获得较大的个人利益。

第二，交付成果的紧迫性高于平均水平，这反映了在相对较短的时间内通过出售或首次公开募股（IPO）将投资货币化的意图。

第三，他们已经进行了详细的背景调查，并完成了投资研究，这为他们提供了充分的依据，以判断创造业务增长和价值的具体的优先事项和

---

① 乔治·布拉特：《论德勤如何在首席执行官与董事会之间建立相互尊重、相互信任与相互支持的关系》（*How to Build Mutual Respect, Trust and Support Between CEOs and Boards per Deloitte*），《福布斯》，2019 年 7 月 9 日。

方法。

这些都提高了私人股本公司董事会参与企业战略、运营和组织流程的程度和愿望。但这是否意味着你放弃并摆脱了在这些过程中的责任？答案是否定的。这是否意味着你需要为这些过程做好准备？无论如何，答案都是肯定的。

关系

与此同时，如果你不能与董事会的每一位成员建立牢固的、互相信赖的关系，那么所有流程和职能的划分都毫无意义。

以"相互尊重、相互信任和相互支持"为基础所建立的关系不会出错。这些关系经过了深思熟虑，是随着时间推移共同建立起来的。

从首席董事开始

首席董事的主要职责是帮助首席执行官管理董事会。因此，你的首要任务之一是投入时间与精力，与首席董事建立良好的关系。如果能够巩固这种关系，首席董事可以帮助你建立其他的关系。

尊重

尊重董事会成员的背景、优势和职能。为他们提供尊重你的理由。尊重他们的时间，帮助他们充分学习，使其尽可能积极有效地做出贡献。

据一位董事表示："信息太多和信息太少一样糟糕。"你可以尽可能少地向董事会提供信息，让他们始终蒙在鼓里；或者用 iPad 上的一本纸板书打发董事会，并"秘密地藏起 1800 页的内容"，也能达到同样的目的。

首先，谨防自满。如果将一开始看似"轻松"的关系——挑战很小，审批也很顺利——视为理所当然，那么这种关系可能会被破坏。养成积极沟通的习惯，投入个人时间了解董事，深入理解他们的观点和动机。

在新董事入职时，请他与首席董事和你的团队合作制订计划，包括：

- 了解业务：外部环境和内部环境、优先事项、即将到来的决策时刻。
- 建立关系：与其他董事会成员和管理团队成员接触。
- 董事会流程和职能：明确董事会流程及其职能。

董事会成员就位后，需解决"现在做什么""怎么办"和"需要什么"三个问题。提交一份内容提要——详细说明是什么、在哪里、什么时候、为什么、哪些人以及事情如何发展。你希望董事会成员"现在做什么"。你希望他们思考的重点是指导、建议和意见，还是管理、合规和待批准的问题？明确你想听取的意见或需要获得批准的问题。

然后向他们提供你对"怎么办"的看法。这些结论有一定的信息基础，这些信息促使你去征求意见或许可。

其次，组织备份。董事会成员"需要什么"数据和信息，以便更加深入地了解你的假设和逻辑基础。

尊重董事会成员的另一种方式是不要给他们制造意外。没有人喜欢意外情况，因为意外情况会让他们看起来愚蠢、软弱或无知。与他们建立密切联系，有任何情况及时通报，不要找借口。

最后，像对待组织其他成员一样，对董事会也要实施未来能力提升计划。明确未来你需要什么样的能力，然后制订并实施一个计划，招募具备你所需才能的董事会成员。在这一过程中，帮助他们获得必要的知识和技能，从而提升他们的贡献力。

信任

从某种程度上来说，这一点无须过多的解释。你要与董事会互相信赖。这是利用建设性分歧的关键之一。正如德勤有限公司在其文章中所言：

"董事会与首席执行官建立强有力的合作关系后，最初看似艰难的沟通可能会成为启发性对话，进而涌现出一些想法和见解，否则这些想法和见解可能会因为想缓和紧张关系并保持礼貌客气而被掩盖。"[1]

支持

德勤有限公司的文章作者之一莫琳·布诺（Maureen Buyno）表示，获得尊重、信任和支持的关键在于首席执行官"不惧透明""公开征求意见"。[2] 但在 2002 年，斯坦福商学院（Stanford Business School）前院长罗伯特·乔斯（Robert Joss）在调研机构君迪（JD Power and Associates）召开的一次大会上表示："只有 20% 的领导者有信心公开征求意见。"[3] 你要成为那 20%。

帮助董事会成员，让他们了解自己何时需要提供指导、建议和意见，何时需要履行其在治理、合规和批准方面的受托责任。

想想布莱恩·史密斯在《第五项修炼》（*The Fifth Discipline Fieldbook*）中的五个说服级别。[4]

告知。没有太多讨论。由我负责，你需要照我说的去做。

---

[1] 乔治·布拉特：《论德勤如何在首席执行官与董事会之间建立相互尊重、相互信任与相互支持的关系》（*How to Build Mutual Respect, Trust and Support Between CEOs and Boards per Deloitte*），《福布斯》，2019 年 7 月 9 日。

[2] 同上。

[3] 罗伯特·乔斯对乔治·布拉特的口头交流，2002 年 4 月 15 日。

[4] 彼得·圣吉、阿特·克莱纳、夏洛特·罗伯茨、理查德·B. 罗斯、布莱恩·史密斯：《第五项修炼：学习型组织的战略和方法》（*The Fifth Discipline Fieldbook: Strategies and Tools for Building a Learning Organization*），双日出版社，1994 年。

推销。我知道我是对的，我会说服你接受我的想法。

测试。我有一个试行方案，想请你看一看。我对你的想法很感兴趣。我想测试一下你的反应。

商谈。我有一个想法，希望你帮我改进。我想听取你的意见。

共同创造。让我们一起解决这个问题，从什么都没有的时候开始合作。

首先我们需要抛弃两种方法。一是让首席执行官告知董事会应该做什么，这种方法通常对人对事毫无帮助。与董事会共同创造也不是一个好主意（他们希望你领导他们，并向他们提出可能的解决方案和你目前的最佳想法）。因此，你只能通过推销、测试和商谈来说服董事会。

肯尼斯·切诺尔特（Ken Chenault）的双重审视法

美国运通公司（American Express）的前首席执行官肯尼斯·切诺尔特常常让董事会对所有的重大提案进行两次审视。因此，董事会有充足的时间思考这个提案，互相交流，并在最终决定之前面对面地给他答复。

第一步：征求他们的意见。然后离开现场，让他们彼此交谈或与他人交谈，或者私下向你表达看法。

第二步：考虑他们的意见，鼓励辩论。针对你建议的前进道路，寻求他们的认可。

董事会两步法

将史密斯的推销、测试和商谈的说服方法与切诺尔特的双重审视法相结合，从而形成一种非常有效的董事会管理方法，参见本章末尾的工具11.1。

以下是该方法的两个步骤：

第一步：商谈或测试

如果你的工作做得足够到位，董事会成员会感到放松。如果他们知道自己不必作决定，就可以集中精力为你提供帮助。与其说你的想法是一个建议，不如说它们代表了你目前的最佳想法，你可以提出这些想法供他人参考——不必对你或你目前的最佳想法作出评价。

离开

为董事会提供时间和空间来思考问题，这一点非常重要。这样可以让他们带着真实的想法回到你身边或者互相游说。

第二步：推销

注意是"推销"而不是"强迫"。在这个过程中，你会收获他人的意见。将你听到的担忧告知董事会，让他们进行讨论，然后针对你建议的前进道路，寻求他们的认可。

同样适用于高层领导

虽然我们针对董事会开发出这套方法，但它适用于各种各样的团队。这是区分意见与指导的好方法。明确你是在寻求意见还是提供意见（之后，接收意见的人可以作决定）抑或者提供指导（由其他人执行决定），这么做基本不会出错。

● 小结与启示

董事会监督、批准最重要的决策并提供建议，而管理层则负责战略、运营和组织。首席执行官可以遵循德勤有限公司提出的七个步骤。

董事会两步法对此大有帮助。

第一步：征求董事会的意见。然后离开现场，让他们彼此交谈或与他人交谈，或者私下向你表达看法。

第二步：考虑他们的意见，鼓励辩论。针对你建议的前进道路，寻求他们的认可。

投入时间，主动去管理你的董事会。你需要规划并遵循一个时间表，以便有更多的时间来建立和维护这些新关系，并与你的首席董事合作管理董事会，从而帮助组织取得预期成果。

关注与董事会的关系，从首席董事开始，他可以帮助你管理董事会。

工具 11.1　董事会两步法

在第一步之前，提前向董事会提供足够的信息，从而使他们做好准备。信息量要"刚刚好"：既不能太少也不能太多。

第一步：与董事会进行商谈或测试。明确你要征求他们的意见而不是让他们作决定。

然后离开，为董事会提供思考的时间和空间，然后让他们一对一地与你交流。

第二步：推销。与董事会完成最后的对话，并征求他们的意见。

本 | 章 | 小 | 结

董事会负责监督、批准最重要的决策并提供建议，而管理层则负责战略、运营和组织。首席执行官可以遵循德勤有限公司的七个步骤：

1.首席执行官——在董事会管理中发挥积极作用（要看你

如何做）。

2. 不惧透明——保持开放和谦逊。

3. 利用紧张感——通过辩论成长。

4. 提升董事会体验，而不仅仅是召开董事会会议——随着时间的推移建立关系。

5. 整理信息，然后再次整理——提供足够的信息，但不要提供过多信息。

6. 是否担任董事会主席？慎重思考这一问题——选择你的影响力级别。

7. 对董事会的构成发表真实看法——随着时间的推移，建立合格的董事会。

"董事会两步法"可以提供很多帮助。第一步：征求董事会成员的意见。然后走开，让他们互相交流，或与他人交流，或私下向你表达看法。第二步：考虑他们的意见，鼓励辩论，针对你建议的前进道路，寻求他们的认可。

与所有董事会成员建立关系，特别是与首席董事，他将帮助你管理董事会。

第12章 领导企业并购

当领导者要带领组织完成合并、收购或类似项目时，他们都希望加速价值创造。他们希望收入翻倍甚至更多，通过最初的投资获得加倍的回报。也许你在推动或领导一次投资，也许你在领导企业或为企业提供支持。无论是哪种情况，你都需要一套领导力策略。

本章将介绍投资者、领导者和支持者所用的十四个步骤。我们的首要方法是针对客户、人员和成本依次采取行动。首先，寻找赢得客户的方法。然后建立所需要的领导方式和团队。通过削减成本为这些举措提供资金。

据统计，83% 的并购未能实现预期结果，但我们可以通过这些措施更快地创造价值。在《哈佛商业评论》（Harvard Business Review）的一篇文章中，肯尼·格雷厄姆（Kenny Graham）指出："70% 至 90% 的收购都会失败。"①毕马威会计师事务所（KPMG）针对并购的一项研究发现，17% 的交易可以增加价值，30% 的交易没有产生明显的效果，53% 的交易损耗了价值。②

---

① 肯尼·格雷厄姆：《不要犯这个常见的并购错误》（Don't Make This Common M&A Mistake），《哈佛商业评论》，2020 年 3 月 16 日。
② 《毕马威合并与收购：全球研究报告》（KPMG Mergers and Acquisitions：Global Report），1999 年。

● 步骤

1. 从投资理念开始，这是你的策略核心。

明确你希望从收购或合并中得到什么，它与你已经拥有的东西如何匹配，你愿意放弃哪些东西来获得它。然后，先拓宽视角，思考不同的可能性，再将视角聚焦到少数几个最佳选项上，提出针对它们的投资理念。

在试图收购和整合另一个实体之前，最好先了解你自己的实体。当领导者深入了解自己的战略、组织和运营流程以及文化时，就可以更好地利用和融合自己实体和其他实体的综合优势。

同样，了解自己所处的运营商业环境。你的战略以一系列针对市场、细分市场和将要服务的客户的选择为基础。你对它们的认识和理解应该超过任何人。

如果不能明确所追求的价值创造，就无法创造价值。明确对于市场、细分市场、客户、组织、股东和员工的预期结果，以及如何通过投资基本原理创造新的价值。

a. 为公司当前的价值支付公允价值。

b. 通过客户实现顶线增长（有组织地和无组织地）。

c. 完善运营，降低成本。

d. 为顶线增长和底线增长的推动因素投入资源，加快进度。

e. 改善现金流并偿还债务。

f. 当这一轮价值创造完成后，退出或资本重组。

2. 据统计，83% 的并购未能实现预期结果，因此你需要采取一种能够降低失败风险的交易方式。

在众多投资中，需要获得回报的第一项投资是购买价格。只有 17% 的交易能够增加价值，53% 的交易都会损耗价值，因此，最好不要花费大笔资金，宁可放弃交易，避免过度投资，成为53%中的一员。

交易的起点应是公允价值，它是公司基于当前现金流的价值。公允价值是卖方因其所建立的成果而获得的报酬，不包括未来的价值创造。当然，在现实情况中，其他人可能愿意向卖家支付一部分预估的未来价值。加上对未来价值创造的过度估计与自尊心，不难看出，人们为了"赢得"竞价比赛，往往会支付超出应有水平的价值。

你的实际投资会有所不同，因为它取决于你如何为这笔交易筹集资金。考虑现金以外的融资选择，包括股权；卖方提供资金或者对价；贷款、债券、信用额度、过渡性融通资金、夹层融资或次级债务等。

3. 对成功的关键因素进行背景调查，见表12-1。

表12-1 文化背景调查

项目	收购者　目标公司	内容
环境——组织环境如何	1 2 3 4 5 1 2 3 4 5	
工作场所 远程 - 虚拟、开放、非正式的		现场、封闭、正式的
工作 - 生活平衡 将健康与福祉放在首位		将近期生产力放在首位
推动因素 人、人际关系、社会		技术、机械、科学
价值观——重视什么以及为什么重视		
关注重点 为他人、环境、社会和公司治理（ESG）做贡献		关注自身利益、做自己擅长的事
学习 开放、共享、价值多样化		针对性、个人、一心一意
风险胃纳 风险更高、收益更高（自信）		维持现状、尽可能减少错误
态度——如何取胜		

续表

项目	收购者	目标公司	内容
战略 高价、服务、创新			低成本、低服务水平、最小可行性
关注重点 不同于竞争对手			与市场领导者一致
姿态 主动、创新突破			被动、可靠的稳定进展
关系——如何建立联系			
权力，决策 分散、可进行辩论			集中控制、独裁
多样性，公平性，包容性 欢迎、重视、尊重所有人			只和与自己相似的人合作
沟通，控制 非正式、口头、面对面			正式、指向性、书面
行为——有什么影响			
工作单位 以组织为单位、团队相互依赖			以独立的个人为单位
纪律 机动、灵活（提供指导方针）			结构化、纪律严明（制定政策）
委派任务 激励、赋能、赋权、信任			以任务为中心的限制性管理

　　背景调查是对假设进行检验的机会。如果你在交易中支付了交易中断费，就可以在必要的时候放弃交易。根据历史经验，83% 的组织都应该这么做。

　　尽可能充分了解所收购实体的战略、组织和运营流程及其文化。不要只听取第三方的意见，尽可能积极主动地去了解情况，越快越好。

　　a. 检验你对协同价值创造者的假设，这些协同价值创造者可以增强竞争优势、提高影响力并实现顶线增长。

b. 检验你对协同成本降低的假设，成本降低可以促进价值创造者的投资。

c. 检验你对文化兼容性的假设。如果没有文化兼容性，其他将都不重要。

d. 然后决定是否放弃交易，明确在损失扩大之前减少损失的好处。

考虑利用 BRAVE 工具来记录你的"文化背景调查"结果。确定你的组织在每个要素范围内的位置，然后用相同的方法分析你正在评估的目标公司。这项工作有助于确定文化差异，如果不解决这些差异，可能会出现文化鸿沟。

4. 在交易结束之前开始建立文化融合，帮助新员工融入新组织，成为组织的重要参与者。

企业合并不是交朋友，也不是约会，它是一场婚姻。因此要像对待婚姻一样对待合并。详细的融合计划必须兼顾组织、运营、战略和文化问题。我们曾经见过一些组织收购了其他组织，然后将其作为全资独立实体运营。你不可能让相互独立的组织协同作用。团队的目光不应局限于自身，应当放在他们能为对方解决的新问题上，从而实现协同作用。

许多合并项目成败的根本原因在于文化。因此要积极且有针对性地管理文化转型，制订文化转型计划（关于如何发展文化，请参考第 4 章）。文化充分融合以后，合并后的组织才能创造价值，否则价值将被摧毁。

选择构成新文化的行为、关系、态度、价值观和环境。在你选择关键的领导者和更大范围的团队时，请记住，你是在邀请人们加入新的文化，通过他们的言行举止，判断哪些人真正接受了你的邀请。

5. 在结束或启动前选择关键领导者：分享愿景，使关键领导者统一思想——包括成立整合办公室。

如果一切都靠你自己，结果只能是失败。要实现协同作用，需要一支相互依赖的团队，团队的全体成员朝着同一方向划桨。必须在开始之前着手组建一支这样的团队。

选择"新的"管理团队成员，然后将他们团结起来，共同关注新组织的核心重点：设计、生产、交付或服务，如图 2-3 所示。核心重点决定了你的文化、组织和工作方式的性质。

6. 与你的领导者共同制订通往成功的计划，重点关注客户、人员和成本。

充分的准备能够培养信心。提前制订百日计划与 365 日计划，从而保持你的领先地位，并根据即将到来的不可避免的意外情况及时进行调整。想一想当务之急。你希望合并后的实体的新领导者能够与你共同制订计划，在市场、细分市场上进行竞争并取得胜利，赢得你选择的服务对象，此外该计划也包括如何招募组织的其他成员。

通过情况评估（包括协同评估），思考价值主张，然后整合项目规划步骤，从而加快你的战略、组织和运营流程。

接下来规划新的利益相关者，包括更大规模的团队。阐明你的假设信息。详细制定公告、交易结束前或启动前的会议、并购后首日与早期的计划。

7. 运用策略：明确现任领导者与新任领导者需要从组织和个人的角度了解哪些内容。

总有一些人会选择退出新的冒险。有些人会在一段时间内旁观并服从要求，有些人会做出贡献，还有一些人会支持并忠于这项事业。你不可能让一个置身事外的人一下子变成忠诚者。但是，你需要尝试让每个人都向前迈一步。让拥护者帮助你推动贡献者，让贡献者帮助你推动旁观者。帮助那些置身事外的人寻找投身于这项事业的其他原因。

你可能在背景调查中遗漏了一些东西（或很多东西）。交易完成后立即在新组织中安排一系列双向学习的会议。这样可以加速团队建设，突出合并过程中无法预见的挑战，同时激励这支合并后的团队关注融合的可能性与回报。

8.精心设计逐级传达的通知，避免在初期犯错。

每件事都能传递信息。你说过的话、做过的事、未说过的话、未做过的事，它们都在传递信息。特别是在合并结束后或团队合并的第一天。每个人都有相同的问题，而且只有一个问题。无论他们说什么，他们只想知道"合并对我来说意味着什么"。你与领导团队必须做好准备来回答这个问题，并围绕汇报关系（"我的上司换人了吗？"）、职责（"我的优先事项是否发生了变化？"）和薪酬（"帮助我了解薪酬、奖金结构和福利方面的任何变化"），解决具体的问题。

至此，你是否已经掌握了情况？我们已经完成了八个步骤，终于迎来了并购后的第一天。这样的并购就是我们所谓"三思而后行"的结果。准备工作是关键。

9.尽快将合适的人放在合适的岗位上，速度要比你认为得更快。

巩固组织：招募、培养、鼓励、规划和调整人才。

- 招募：招聘、吸引并引导具备合适才能的合适人选入职。

- 培养：评估和培养技术、知识、经验和技能。

- 鼓励：指导、支持、认可和奖励。

- 规划：监督、评估并规划长期的职业发展。

- 调整：根据需要进行岗位调整。

从新的核心重点和战略视角出发，仔细审视合并后组织的技能与能力，确定关键能力组合是否有所缺失或不匹配。不仅要关注人员、计划和实践，还要特别注意你在市场、细分市场和客户中的表现。如果存在差距，尽快调整，弥补差距。

从确定合适的结构与岗位安排开始履行你的使命。明确每个关键岗位成功所需的天赋、知识、技能、经验和技术，然后将其与合适的人员进行匹配。

- 天赋——无论有还是没有。

- 所学知识——通过书本、课堂或培训学习。

- 实践技能——通过刻意的重复练习。

- 努力积累的经验——从现实的错误中吸取。

- 师承技术——师承具有艺术关怀和感悟力的师傅。

10. 运用变革管理的基本原理，激励他人，为他人赋能和赋权。

他们已经知道了"我该怎么办"，接下来你需要将重点放在激励、赋能和赋权上，使他们高效合作并兑现整合的承诺。

所有持久的变革都是在态度、关系和行为上的文化变革，它们发生在环境 / 情况或抱负 / 目标的转折性变化之后。

为了支持增长，需要投入资源发展团队的战术能力。战术能力是团队在困难重重且复杂多变的情况下完成工作，并且果断、迅速、高效地将战略转化为战术行动的能力。

11. 在启动运营、执行和财务流程的同时，将成本削减作为推动因素。

在合并或收购之前用于交付成果的操作流程将不足以交付转折之后的成果。如果是这样，你无须进行转折。仔细研究如何保持和发展现有的最佳流程，同时在上面分层设置需要的新流程，以降低成本，增加收入。

从根本上来说，你需要同时制订、实施和管理四个计划。

- 资源分配计划（需求、来源、应用）：人力、财务、技术、运营。

- 关键业务驱动因素的参与规则。

- 行动计划（近期和长期）：行动、措施、里程碑 / 时间、责任、
  联系。

- 绩效管理计划：运营与财务绩效标准和措施。

12. 保持持续的双向沟通。因为你的沟通活动永不停息，所以你永远不会过度沟通。

重要的是尊重他人。与那些情绪受到影响的人进行一对一的沟通，尊重他们的情绪；让那些受到直接影响的人在一个小团体中提出自己的问题。

你需要通过多种方法，频繁地进行针对个人的沟通，沟通对象可能分布在全球各地，这些沟通应当传达明确的信息，兼顾感性与理性，并激励对方。加强现有团队中的关系。始终保持倾听，始终保持团队合作与沟通。

- 高层领导至少每个季度提出针对组织范围内的优先事项和结果的长期问题和机遇。
- 中层管理针对主要项目的每月进度提出中期问题和机遇。
- 直接主管针对项目的每周进度和任务的每日进展提出短期问题和机遇。

13. 在整个过程中不断调整：如何识别、确定优先级并采取正确的行动，从而将投资理念变为现实。

每日／每周／每月／每季度／每年跟踪、评估、调整系统：不要将沟通与执行节奏混淆。避免上市公司在季度财报电话会之前临时抱佛脚，应始终保持领先。

- 平衡计分卡：目的、目标、战略联系、举措、措施。
- 财务：收入、现金流、税息折旧及摊销前利润（EBITDA）、投资回报率（ROI）。
- 客户：新品销售、准时交付结果、份额、客户集中度。
- 内部业务流程：周期时间、单位成本、收益率、新产品开发

（NPD）。

- 学习和增长：上市时间、产品生命周期。

14. 为下一阶段，即成功收购或销售活动或流动性事件做好准备。

为进一步增长/转型、下一次退出或作为平台公司或吸引战略收购者的其他"事件"做准备。在准备退出时，要清楚以下情况。

- 战略方面：有机收入增长、其他并购。

- 组织方面：可购买的管理团队、对其他人有价值的能力。

- 运营方面：可购买的基础设施（资产、数据、信息技术系统、财务报告）、流程、新产品开发能力。

- 个人方面：让自己有能力成为下一任所有者。

没错，你很重要。但真正重要的是你如何影响他人以及你们共同产生的影响。请从背景和行业环境开始。围绕一个共同的目标调整人员、计划和实践，以创造商业价值和其他价值。读到这里，你应该知道，我们认为你需要进行必要的成本削减。这样做可以释放你所需的资源，从而加强合并后的实体的文化、战略、组织和运营流程，进而顺利实现协同作用。

本 | 章 | 小 | 结

当领导者要领导组织完成合并、收购或类似项目时，他们都希望加速价值创造。他们希望组织收入翻倍甚至更多，通过最初的投资获得加倍的回报。也许你在推动或领导投资，也许你在领导一个企业或为企业提供支持。无论是哪种情况，你都需要一套领导力策略。为此我们提出了十四步计划。

1. 从投资理念开始，这是你的策略核心。

2. 据统计，83% 的并购未能实现预期结果，因此你需要采取一种交易方式，降低你的失败风险。

3. 对成功的关键因素进行背景调查。

4. 在交易结束之前开始建立文化整合，帮助新员工融入新组织，成为组织的重要参与者。

5. 在结束或启动前选择关键领导者：分享愿景并使他们统一思想——包括成立整合办公室。

6. 与关键领导者共同制订通往成功的计划，重点关注客户、人员和成本。

7. 运用策略：明确现任领导者与新任领导者需要从组织和个人的角度了解哪些内容。

8. 精心设计逐级传达的通知，避免在初期犯错。

9. 尽快将合适的人放在合适的岗位上，速度要比你认为得更快。

10. 运用变革管理的基本原理，激励他人，为他人赋能和赋权。

11. 在启动运营、执行和财务流程的时候，将成本削减作为一项推动因素。

12. 保持持续的双向沟通。因为你的沟通活动永不停息，所以你永远不会过度沟通。

13. 在整个过程中不断调整：如何识别、确定优先级并采取正确的行动，从而将投资案例变为现实。

14. 为下一阶段，即成功收购或销售活动或流动性事件（liquidity event）[1]做好准备。

---

[1] 流动性事件是指一家私人公司的大部分股份所有者出售他们的股份以换取现金或另一家公司（通常是更大的公司）的股份的交易。——译者注

第13章 领导组织扭转局势

人们需要你来领导组织扭转局势。首先，深呼吸，认清你所面对的挑战。你的领导能力即将受到考验。70%的转型都未能实现预期结果，这样的可能性会令你激动，同时也需要意识到风险。[①]

在深入讨论之前，请注意，我们用"扭转局势"一词来指代需要快速完成的一系列重要转变，无论是转型（彻底的、巨大的、持久的形式变化）、加速（需要摆脱困境并朝着同一方向快速前进），还是真正的扭转局势（突然或意外的变化，特别是使局势向着有利方向发展的变化）。

在外部和内部因素的推动下，扭转局势比你想象得更加普遍。外部力量包括快速涌现的新技术、地缘政治不稳定、全球卫生危机、监管变化、快速变化的消费者需求、不断变化的经济结构以及迅速涌现的资金充足的新竞争者。在内部，激进股东日益增多，私人股本交易加速增长，导致企业想多持有股权的野心和对经营业绩的期望大幅提高。

当领导者走上一个新岗位，而组织尚未认清现状的本质时，这些关键转变的风险和挑战性尤其高。扭转局势提高了我们迄今为止讨论的所有问题的难度，对你的要求也进一步提高。当你走上领导岗位时，需要注意以下六个关键的成功因素。

---

① 拉吉夫·钱德兰等人：《晋升至最高管理层》，《麦肯锡洞察》，2015年4月。

宣布扭转局势并将其传达给全体员工。人们总是认为，组织或团队会随着时间的推移慢慢扭转局势。过去可能的确如此，但当今全球经济的严峻现实是，昨天还是明星部门，今天就要被彻底转变。如果你已经确定需要扭转局势（不要总以为公司会为你完成），那么必须宣布这一点，确保每个主要股东都能理解。

在公布的数据可以明显反映出问题之前，你可能就需要宣布扭转局势。从情感的角度强调与团队有关的个人遭遇失败的故事（主要客户的流失、顶级人才的离开），它们体现了团队的衰落，你可以借此向团队施加一定的压力。为团队成员提供充足的时间吸收信息，接受影响，但速度要快。在扭转局势时，你必须采用不同的领导方式。向全体员工宣布扭转局势并传达相关思想，这是你向团队和组织发出的变革即将到来的信号！

理解并统一期望。必须提前明确扭转局势的预期。上级、下级、同级（内部和外部）的每个人都必须统一期望。通常情况下，扭转局势会引发恐慌和各种情绪。

领导者通常希望"让这个部门重回正轨"。这不是一个期望，而是一个不够明确的愿望。你必须明确领导者对扭转局势与后续复苏的期望，事实上，这项工作通常要由你负责。如何定义复苏？是收入增加、市场份额提高、成本降低，还是解决一系列问题？后者意味着你需要深入挖掘和重新思考核心信念，并改变运营和组织。你必须知道答案，并确保所有人保持一致。

迅速果断地行动。你需要遵循我们在前几章中介绍的上任步骤，并在任何有必要的地方加快速度。

还记得我们在第 2 章中的 ACES 分析吗？它可以指导你融入新的组织。在扭转局势的情况下，你的选择只有两种。要么选择融入与发展（非常迅速），要么选择撼动组织。

你的当务之急更为重要。它必须具有决定性，表述清晰，符合期望，且所有人都能准确理解其内容。

尽可能快地完成岗位匹配（你可能需要设置新的岗位，并且需要新的员工来承担这些岗位职能）。更加重视里程碑管理流程和早期检查关卡的设置频率。

充分沟通。尽早尽快与利益相关者，特别是你的团队进行沟通，这一点至关重要。扭转局势的本质是制造意外。评估和调整的频率可能高于往常，你必须付出双倍的精力，尽早尽快地完成与关键利益相关者的沟通。如果事情进展不顺利，需尽早通知所有人。坏消息不会随着时间的推移变成好消息。

相反，不要让快速扭转局势掩盖了好消息。用合适的方式庆祝胜利和期望行为。比较明智的做法是，在最初几个月里，每周与团队一起参加员工大会。

最后，用心倾听。你的团队身处战壕，他们能够提供针对剧变的见解和信息，从而加快局势的扭转。经常询问他们的意见并用心倾听。

投入大量资源进行创新。不要吝啬资源。你必须投入大量资源，以改变业绩不佳的状况。这些投资可能用于增加新的人员、技术和设备。但无论是什么，不能耽搁重要的投资，否则就会阻碍局势的扭转。

另一方面，你可能还要做出艰难的决定，这些决定可能导致重大开支，例如关闭工厂、搬迁办公室、让员工离职或其他重组成本。你需要尽快做出选择。

特别关注在创新上投入足够的资源。所有形式的创新（产品、渠道、供应链、人员）都是成功扭转局势的灵魂，使你有机会取得持久的成果。创新能够帮助你提高质量，提升速度，降低成本，甚至完全改变竞争环境，使其有利于组织发展。因此，你要保证对创新的投资。

谦虚，同时保持自信。扭转局势的过程中总会出现各种各样的情绪。没有人喜欢失败，没有人希望犯错。如果你要领导组织扭转局势，那么每个人都会知道领导层变动的原因。面对这种情况需保持谦逊和恭敬，不要因追求速度而掩饰团队中可能存在的内在情绪、发自内心的失望或挥之不去的不安。

不要诋毁上一个团队或强调他们的失败，这么做只会削弱你的领导力，在一些人尚未愈合的伤口上撒盐，导致他人心生厌恶，这些都对你或你的团队毫无益处。相反，你需要心怀同情，谦逊低调。快速分享成功的图景，确保团队的每一位成员都能在一定程度上感受到局面的扭转，并理解这种扭转对他们的意义。如果能够做到这一点，并遵循本章列出的步骤，你就能迅速获得团队的信任，并在团队中树立信心，使业务保持良好的势头。

考虑到这些，你可以通过五个构成要素加速扭转局势，如图13-1所示。

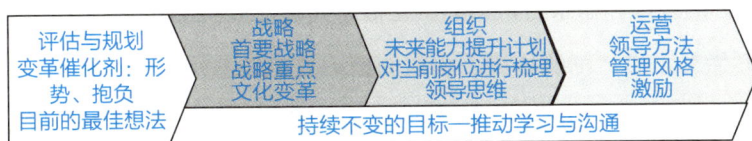

图 13-1　构成要素

确定催化剂。评估形势的变化。哪些方面发生了变化？哪些方面未发生变化？为什么？推动变革需求的催化剂是什么？这意味着什么？现在你该怎么办？

a. 了解变革的催化剂（内部因素，如追求目标的变化或文化和人才管理上的漏洞；外部客户动态、竞争、供应链或条件变化，如监管的变化）。确保它得到广泛的理解和认同。

b. 基于当前的最佳想法，对使命、愿景、目的、目标、战略、文化、组织和运营进行必要的改变。了解已经固定的方面以及需要发展的方面。

c. 创建一个蓝图，确保组织成员在这一转折点上保持战略一致。

d. 建立一个转型办公室，可以由最高领导者以外的人负责领导。这项措施能够明确工作的重点，并确保其严格性，避免重新陷入日常管理中。

这项工作的关键要素是里程碑管理（使团队承担责任，统一思想，交付成果）和内部沟通（创建一个连贯的、严格管理的消息传递平台）。这种结构可以使领导者领导整个企业（转型或其他）。

拥有丰富经验、广阔视野和人际信誉的人更适合承担这项工作。你可以确定是由他全职、独立承担这项工作，还是根据一位高管的优先事项而定。如果选择后者，一定要重新确定他们的日常责任，保证他们可以将大部分时间用于扭转局势。

重置制胜策略。针对企业的核心重点或核心差异化因素、新的总体战略、目的、目标、战略优先事项、推动因素、能力和文化达成共识。它们必须与你的使命和愿景密切相关，应根据变化检查其相关性。

a. **当务之急。**围绕环境、企业的核心重点、总体战略、目的、目标、战略优先事项、推动因素、能力与文化达成共识。这样可以保证统一思想，明确重点、期望和可交付成果，同时确保领导层的承诺和管理能力。

针对文化转变，需要做到以下几点。

i. 列出理想属性。

ii. 确定保留哪些措施，集中精力解决：我们如何领导？我们如何完成工作？我们如何互动？我们如何沟通（双向）？

iii. 确定停止哪些措施（见前文）。

iv. 确定开始或改变哪些措施（见前文）。

对于需要领导组织扭转局势并继续履行职能以取得短期成果的领导者

来说，领导能力是一个重要问题。它源于领导意愿、领导技能和时间管理的结合，通常需要更加严格的优先顺序、项目管理支持、在"下一级"中分配特定的运营责任，并完善履行职能的节奏。在理想情况下，领导者相信，在这种额外的支持下，领导转型也能成为其职能的一部分。

b. **变革性的沟通策略。**制订多渠道计划，向组织传达变化，并争取组织在 18 个月的时间内深度参与。按照服从—贡献—忠诚的顺序逐步提升团队。这是调整的第二部分，你可以在此时将转型的所有权转移到组织的其他部分。

你需要提供以下几点。

i. 清晰的解释、认同、贡献的机会。

ii. 内部沟通的规则，与转型计划和业务中的其他关键项目联系起来，适当向团队传达期望，避免向团队施加过大的压力。

iii. 一位经验丰富、关系良好、值得信赖的中层管理人员负责领导这项工作。

iv. 强化积极行为和（初期）取得微小成果的方法，让组织相信，有必要让尽可能多的人看到那些推动了众多微小的积极成果的人。

c. **领导指导方针。**在这个过程中，需要做到以下几点。

i. 为你的领导团队创建一个新模式。提出期望，创建系统，确保在扭转局势的计划上投入足够的时间。用共同的理解、目标和激励措施来统一团队。明确并强化你所希望的团队合作、协作与承担责任的行为。团体必须步调一致，才能顺利完成过渡。

ii. 深思熟虑。你的一举一动都在传达信息。

iii. 利用你的领导信息来组织讨论、公告、报告和学习。

iv. 进行双向沟通。做一个合格的倾听者。

v. 怎么思考、怎么践行、怎么表达核心价值观。每一次沟通都要嵌入核心价值观。

vi. 设置稳定的沟通节奏（什么内容、什么时间、怎样进行）。

vii. 使用问题启动逐级沟通——应该将情况告知哪些人？

viii. 加强沟通能够带来更多益处。学会享受成为首席沟通官的乐趣。

ix. 针对通过双向沟通所了解的内容，要有计划地跟进。

重新组织。根据新战略，构建新的组织结构和未来能力提升计划。对现有岗位进行梳理。必要时加快人员调整的速度。利用合适的框架指导每个人进行思考。

调整组织，使其具有合适的专业分化、层次系统、矩阵或去中心化结构和组织流程，提升招募、培养、鼓励、计划和调整人才的能力，包括（见第 9 章）。

a. 着眼于结构和个人的未来能力提升计划。通常在扭转局势和类似的关键转型中，根据市场方向或培养新能力的需要，设立新的岗位。例如，首席客户体验官、首席创新官、首席数据官、首席品牌官，甚至首席转型官。多加考虑并根据自身情况采取合适的措施。

b. 继任规划。

c. 应急计划。

d. 对当前岗位进行梳理。重大的业务变化通常需要新的、不同的思维方式。无论是通过内部晋升还是作为新员工或临时专家，都要谨慎地为团队提供不同的观点。

e. 在必要时加快人员调整的速度。

强化执行节奏。实施新的方法、流程和管理风格，每年跟踪和管理优先事项，每月跟踪和管理项目集，每周跟踪和管理项目（视情况而定）。对符合期望的行动给予奖励，指出并纠正不符合期望的行动（参见第 7—9 章）。

a. 确定你的领导方法：基于业务核心重点进行赋能、执行、招收或体验，并将其与适当的运营方法相结合（提供支持、指挥和控制，分担责任或在指导下承担责任）。

b. 在季度优先事项管理、月度项目集管理和每周项目管理中实施相应的管理节奏、里程碑管理，并取得早期成果。

这是见成效的地方。如果现有的里程碑管理流程是有效的，你可以继续使用，或者在必要时建立一个新流程。确定流程管理者 / 转型办公室来管理流程。明确以下几个方面。

- **方向**。目标、预期结果、意图。

- **资源**。人力、财务、技术和运营。

- **有限制的权力**。根据战略指导方针，在明确的范围内作出战术决策。

- **责任和结果**。明确绩效标准、时间期望以及成功和失败的积极结果与消极结果。

里程碑必须包括当前项目以及转型优先事项，因为你只有一个领导团队和一个公司。

如果项目获得了额外的资源，能够更快地交付成果，那么团队可以取得早期成果。因此，这些项目不是新工作或特殊任务，只是"早期"交付的东西，可以为团队树立信心。

通过少数几个最重要的举措来执行一个循序渐进的过程，确保完整的团队章程、团队启动、早期项目里程碑管理。

开始时，每月跟踪项目集进度，每周跟踪项目进度，每天跟踪任务进度。

嵌入学习与沟通。根据新的运营流程和管理节奏，部署目标驱动的学习和沟通计划。这不是一次性的任务，而是一项持久的工作。

加快战略转型需要在战略、组织和运营方面逐步实施变革，并注意这几个方面的协同作用。这些措施必不可少，但远远不够，你必须改变自己，成为更加老练的领导者，正如约翰·希伦（John Hillen）和马克·尼维斯（Mark Nevins）在《现在发生了什么》（*What Happens Now*）[1] 一书中所述。希伦和尼维斯认为，如果一个人一直做相同的事情，他需要提高能力或复杂性；如果一个人不断做不同的事情，他需要掌握新的能力或提高先进性。如果你在稳步发展，可以凭借技术和功能知识来发展你的机制、结构、流程和系统，从而摆脱困境。但是，领导组织扭转局势需要新的思维模式、能力和行为，利用政治、个人、战略和人际方面的优势。

希伦和尼维斯认为，失败的领导者增加复杂性，而成功的领导者则会增加先进性。这种先进性的体现之一是在不同的时间应用不同的思维模式。面对不同的情况，领导者也需要将自己转换成主要的推动者、执行者、推荐者或客户体验的倡导者等身份。

将这些结合在一起，就是我们在第 6 章中介绍的核心统一矩阵。慎重选择，适当推进。

● 这对我来说意味着什么？

在扭转局势的每一个阶段，组织和生态系统中的每个人都会面临一个问题，他们必须先找到这个问题的答案，然后才能关注其他问题："这对我来说意味着什么？"作为领导者，你必须做好准备，尽早尽快地回答这个问题。它是一个永恒的问题，因此你的沟通计划应以此为基础，确保解决这个问题。这个问题的答案应该体现在你的当务之急、使命、愿景、价值观、岗位匹配分析和强化期望行为的激励措施中。但对每个人来说，这个

---

[1] 约翰·希伦和马克·尼维斯：《现在发生了什么：在业务流失前重塑领导者》（*What Happens Now?: Reinvent Yourself as a Leader Before Your Business Outruns You*），精选系列，2018年。

问题的答案都是不同的。

　　扭转局势的性质决定了你必须推动团队前进。扭转局势的过程将是快节奏的、动态的，总会出现调整、挫折和胜利。在这一过程中，一旦确定了方向，你的最重要的任务就是和团队站在一起，为他们提供支持。他们需要你的支持。遵循本章概述的步骤，了解并响应团队的需求，才能大大提高成功扭转局势的可能性。

● 小结与启示

　　当你进入领导岗位时，要注意以下 6 个关键的成功因素。

1. 宣布扭转局势并将其传达给全体员工。

2. 理解并调整期望。

3. 迅速果断地行动。

4. 充分沟通。

5. 投入大量资源进行创新。

6. 谦虚，同时保持自信。

然后遵循以下 5 个步骤。

1. 确定催化剂。评估形势的变化，明确能够触发变革需求的因素。

2. 重置制胜策略。针对企业的核心重点、使命、愿景、目的、目标、新的总体战略、战略优先事项、推动因素、能力和文化达成统一意见。了解新战略所代表的变化程度，并对此进行规划。

3. 重新组织。根据新战略，构建新的组织结构和未来能力提升计划。可能需要设置新职位（包括永久性职位和临时性职位），从而启动和推进计划。

4. 强化执行节奏。实施更加严格的管理节奏，每年跟踪和管理优先事项，每月跟踪和管理项目集，每周跟踪和管理项目（视情况而定）。

5.嵌入学习与沟通。根据新的运营流程和管理节奏，部署目标驱动的学习和沟通计划，在 18 个月内引领变革。

本 | 章 | 小 | 结

无论组织扭转局势或转型的动力是什么，你都应该期待可能出现的结果，同时警惕可能出现的风险。70% 的转型无法实现预期结果。[①] 因此，你需要转换方法，加快走向成功的脚步，同时降低风险。

---

① 拉吉夫·钱德兰等：《晋升至最高管理层》，《麦肯锡洞察》，2015 年 4 月。

第14章　领导组织度过危机

● 100 小时行动计划

本书提供了一种顺序式方法，帮助领导者及其团队在 100 天内完成通常需要 6~12 个月才能完成的任务。但在危机或灾难面前，我们并没有这样充足的时间框架，因为团队需要在 100 小时内完成通常需要数周或数月才能完成的任务。这时需要采用迭代式方法而不是顺序式方法。下面我们将详细介绍这种严格的迭代方法。

领导是指激励他人，为他人赋能和赋权。英国哲学家卡弗思·里德（Carveth Read）的观点可以强化这一点，他说："大致正确比精确错误要强。"[1] 再加上达尔文的观点，即"能够生存下来的物种，并不是那些最强壮的，也不是那些最聪明的，而是那些最能适应变化的物种。"[2] 综合来看，你会发现，在危机中的领导是激励他人，为他人赋能和赋权，从而速战速决，大致解决问题，然后再逐步调整——明确方向、领导力和职能。[3]

---

① 卡弗思·里德：《逻辑：演绎和归纳》（*Logic: Deductive and Inductive*），伦敦，1989 年 6 月。

② 引自查尔斯·达尔文（Charles Darwin）作品。

③ 乔治·布拉特：《从波音 737 Max、可口可乐和宝洁公司获得的危机管理经验》（*Learnings from Boeing's 737 Max, Coca-Cola, and Procter & Gamble on Crisis Management*），《福布斯》，2019 年 3 月 21 日。

这个过程需要严格迭代的三个步骤，每个步骤都应与总体目标保持一致。

1. **提前准备**。如果你能准确预测可能出现的状况，并做好充分的准备，那么当危机来临时，你就有足够的信心面对它。

2. **快速应对**。提前准备是为了能够快速灵活地应对你所面临的情况。不要过度思虑，做你准备做的事。

3. **弥补差距**。在危机中，理想与现实之间难免会有差距。通过弥补以下方面的差距加以矫正。

- 现状——执行针对当前危机的应对措施。

- 应对——提高应对未来危机的能力。

- 预防——首先降低未来危机发生的风险。

在这一过程中，要始终牢记最终目标。领导组织度过危机而不仅仅是走出危机。在此期间，最终目标能够为你在短期、中期和长期内所做的一切提供方向和框架。危机会改变你的组织。确保你在应对危机时所做的选择能够改变你，使你朝着目标与充满雄心壮志的文化前进，避免偏离核心愿景与价值观。

接下来我们将深入探讨这几个关键步骤。

提前准备

提前准备是为了建立一般的能力和实力，而不是针对具体情景的知识。在大多数情况下，我们需要为一系列最有可能发生且最具破坏性的危机和灾难做准备。仔细思考，多加演练。积累经验教训，使人们能够灵活地将其应用于他们遇到的具体情况。[1] 准备好在灾难发生时可以部署的资源。

- 建立危机管理方案，包括初期的沟通方案。

- 挑选和培训危机管理团队（安排明确的领导层与岗位）。

- 预先确定人力、财务和运营资源。

你所面临的威胁可能有以下一种或多种，通常会以组合的形式出现。

- 有形的威胁（首要任务：首先处理这些问题）。

- 对名誉的威胁（第二优先任务：解决有形的威胁之后，在着手解决
  财务威胁之前处理这些问题）。

- 财务威胁（第三优先任务）。

有形的威胁和危机可能是以下两类。

- 自然。地震、山体滑坡、火山爆发、洪水、龙卷风、流行病等。

- 人为。踩踏、火灾、运输事故、工业事故、石油泄漏、核爆炸 / 辐
  射、战争、蓄意袭击等。

对有形的威胁和危机的处理方式可能导致对名誉的威胁和危机。或
者，对名誉的威胁和危机可能来自你或组织中其他人的选择、外部的干
预，或者突然意识到已经存在但过去没有注意到的问题。

财务威胁和危机来自价值链的中断，例如供应、产品或资源（包括现
金）中断，制造、问题、销售或需求中断，服务中断等。

现在，回到你应该做好的三项准备上。

建立危机管理方案。提前计划哪些人要在危机中做哪些事情。通常情

---

[1]　约翰·哈拉尔德（John Harrald）认为需要纪律（结构、原则、过程）和灵
活性（创造力、临场反应、适应性）。约翰·哈拉尔德：《敏捷和纪律：应对
灾难的关键因素》（*Agility and Discipline: Critical Success Factors for Disaster
Response*），《美国政治和社会科学院年鉴》（*The ANNALS of the American
Academy of Political and Social Science*），2006 年，604，256。

况下，你希望第一响应人来处理对人身和财产的直接威胁。他们应该做好以下几点。

1. 保护现场，消除对自己和他人的进一步威胁。

2. 为伤者提供即时援助或建立一个分诊系统，重点关注那些最能从救助中受益的人。

3. 启动沟通方案。

沟通方案有两部分。第一部分处理实际问题，第二部分处理涉及声誉的问题。第一部分规定在什么时间通知哪些人（其中存在冗余备份）。重点是尽快通知更多的人。

第二部分关于正式的对外沟通。至少安排一名主要发言人（同时安排一名替补发言人），为其提供清晰的信息和沟通要点。在福布斯代理委员会（Forbes Agency Council）公共关系危机管理的 13 条黄金规则中，有 3 个重要思想，我们可以将其作为指导方针。

- 发展强大的组织品牌文化，避免由自身引发的危机，更加充分地做好准备，以应对其他危机。

- 监督、计划和沟通，随时关注潜在危机。危机袭来时，要积极主动地应对，保持信息透明，抢先一步，并为社交媒体上出现的强烈抵制做好准备。

- 承担责任。用人性化的方式处理自己的危机。首先寻求理解，避免本能反应，道歉后采取有帮助的行动，而不是火上浇油。

挑选和培训危机管理团队。如果没有预先演练方案，那么方案就是无用的。让第一响应人参加急救和分诊方面的培训。让负责沟通的人员参加危机沟通方面的培训，从而了解在什么时候与谁联系，在什么时候启动危机管理方案。

波音 737 Max 空难事故为我们提供的教训之一是，早在几年前，波音公司就应启动危机管理方案。有些人发现了潜在的问题，却选择置之不理。

　　预先确定人力、财务和运营资源。人们需要指导、培训和资源。确保每个现场都有一个可以拿到现金的领导者，确保第一响应人配备了有效的急救包。

快速应对

　　人类进化出战斗或逃跑的本能，使我们可以应对危急时刻。如果团队具备足够的能力和实力，可以放手让他们去应对。这是所有艰苦的准备工作应该得到回报的时候。

　　在这方面，一个重要的问题是知道何时以及如何做出反应，避免反应不够有力或反应过度。

弥补差距

　　虽然第一响应人应该根据培训做出反应，但是请记住，多个群体随机、本能、不协调地行动会加剧混乱。将极其详细的情况评估输入极其详细的计划中，并经层层管理人员逐一批准，然后才采取行动，这会使一切都为时过晚。

　　最佳方法是迅速进行大致的思考和计划，然后加快速度行动起来。此后，将纪律（结构、原则、过程）和灵活性（创造力、临场反应、适应性）结合起来，弥补差距。①

---

① 约翰·哈拉尔德（John Harrald）认为需要纪律（结构、原则、过程）和灵活性（创造力、临场反应、适应性）。约翰·哈拉尔德：《敏捷和纪律：应对灾难的关键因素》（*Agility and Discipline: Critical Success Factors for Disaster Response*），《美国政治和社会科学院年鉴》（*The ANNALS of the American Academy of Political and Social Science*），2006 年，604，256。

情境问题（记住客观存在的、政治方面的和情感方面的背景。）

- 关于已经发生的事情及其影响，我们了解什么，不了解什么（事实）？

- 我们了解的和不了解的东西有什么影响（结论）？

- 我们预测会发生什么情况（情景）？

- 我们有哪些资源和能力可供支配（资产）？存在哪些差距？

- 我们可以将哪些方面转变为自己的优势？

目标和意图

有了这些问题的答案以后，思考并选择情境目标和意图。领导组织度过危机的预期结果是什么？期望获得的最终状态是什么？这是提供指导的关键部分，也是一件大事。

例如，如果玻璃水瓶封口机出现故障，它会将瓶口顶部螺纹研磨成玻璃碎片，面对该问题的目的和意图是停止损坏、保护品牌。

优先事项

红十字会为灾难受害者提供救济。在这个过程中，根据灾害类型选择提供避难所、食物、水、药物和情感支持的优先顺序。如果一个人的住房在冬季被大火摧毁，则优先向其提供避难场所。另一方面，如果水库受到污染，优先事项是为人们提供清洁水源。

这些例子说明，思考每种情况下和危机发展各个阶段的优先事项非常重要。隔离、抑制、控制并稳定当前局势的选择可能不同于中期应对的优先事项，后者侧重于在适当的地方获得资源，然后随着时间的推移提供所需的支持。在修复危机或灾难造成的损害并防止其再次发生时，优先事项也有所不同。

找到了"我们首先将精力集中在哪里"这个问题的答案，优先选择开始变得清晰。然后，将这样的优先选择传达给所有人，可以先召开一系列会议。

- 回顾当前的情况和需求以及已经完成的工作。
- 就目标、意图、优先事项和优先事项的阶段划分达成共识。
- 就行动计划、里程碑、岗位梳理、沟通要点、计划和方案达成共识。

这与本书前文所讨论的构成要素相同。然而，迭代方法比顺序方法更适合管理危机。因此我们建议尽早召开会议，同时启动战略、运营和组织流程，尽快大致解决问题，然后根据新的信息进行调整。

弥补理想和现状之间的差距

支持团队成员实施计划，同时收集更多信息。

完成情况评估，确定中期的优先顺序及计划。

每天或根据情况更加频繁地进行里程碑更新会议。

- 更新行动计划的进展，重点关注成果、学习和需要帮助的领域。
- 更新情况评估。
- 反复调整计划，强化对持续调整的预期。

在这个过程中的每一步都要与主要支持者进行充分的沟通。你的信息和主要的沟通重点将随着形势的发展而变化，有关形势的信息也会随之变化。因此在组织内部、与合作组织、面向公众进行频繁沟通更新的需求大大增加。尽可能通过一位发言人来传递信息，可以减少错误信息。不要低估这一点的重要性。

在这个过程的每一个步骤中，你的沟通都需要兼顾感性与理性，同时又能鼓舞人心。

- **感性**。与你的受众沟通，针对危机对他们个人造成的影响表示理解和同情。

- **理性**。以冷静、镇定、礼貌和权威的语气和方式详细阐述有关当前形势的严峻事实。

- **鼓舞人心**。以下列方式激励他人：提前思考，描绘一个乐观的未来前景，并号召人们采取实际行动，使之成为解决方案的一部分，这将为他们带来信心和平静。

还记得那架在哈德逊河（Hudson River）上紧急迫降的飞机吗？飞机起飞时，副机师杰夫·斯基尔斯（Jeff Skiles）担任"正驾驶员"，随后飞机撞上了一群鸟，两个发动机停止工作。当时，切斯利·萨伦伯格（Chesley Sullenberger）上尉选择接管飞机。他命令道："我来控制。"斯基尔斯回复："交给你。"控制权（和领导权）就这样交给了萨伦伯格，后者将飞机安全降落在哈德逊河上。一次只能由一名飞行员控制飞机。两个人同时驾驶同一架飞机根本行不通。

危机和灾害管理也是如此。一次只能由一个人负责一项工作或组件。在实际执行时，关键是明确和重新说明谁在做什么，谁在什么时候作出什么决定——特别是在情况不断变化时，组织内部和跨组织的岗位和决策权也会随之变化。确保像萨利和斯基尔斯在飞机上的交接控制权一样干净利落地完成交接。

行动后回顾

危机结束后，对应对危机的行动进行回顾，注意以下问题。

- 实际情况如何？与预期相比如何？

- 我们产生了什么影响？与目标有多少差距？

- 在我们采取的措施中，哪些措施特别有效，值得再用一次？

– 在风险缓解和应对方面，我们下次还能做什么？

临危受命

任何走上新岗位的高管都应该先融入组织，再发展组织。他们需要抢先一步，管理信息、明确方向、组建团队、保持势头，并取得成果。然而，如果你是一位临危受命的新领导者，必须在执行上述过程的同时立即投入救援，与其他人共同学习，随着时间的推移展现你的领导能力。[①]

正常情况下，在加入新组织时寻求他人的帮助，这是一种显示脆弱并建立关系的好方法。但在危机中，一切都发生了转变。人们感到恐惧、困惑和不知所措。人们需要你提供帮助而不是向他们寻求帮助。做一个以团队为导向的给予者，而不是一个从个人出发的索取者。

1. 立即投入救援。

在危机中，我们需要重置马斯洛的需求层次，每个人必须依次满足生理需要、安全需要、归属的需要、尊重的需要，最后达到自我实现。你必须先处理眼前的问题，然后才能专注于未来。

更糟糕的是，哈佛大学的赫尔曼·B.达奇·伦纳德（Herman B.Dutch Leonard）在一次关于领导者危机管理的会议上解释道，在新冠病毒感染大流行这样的重大紧急情况下，没有人知道应该怎么办。与人们能够合理应对的情况相比，在这种环境下，我们的压力增大，所能运用的能力更加微弱，所掌握的知识也更加不足。正如他所说，有效的领导需要"顶住与恐

---

① 乔治·布拉特：《紧急迫降：在危机中走上新的领导岗位》（*Hot Landings: Starting a New Leadership Role During a Crisis*），《福布斯》，2020 年 4 月 2 日。

惧交织的压力，快速实现创新。"[①]

每个人都面对同样的劣势，因为没有人知道这场危机将如何发展，也没有人知道危机过后组织将何去何从。他们无法在你入职的时候提供帮助。但是，如果你能集中精力帮助他们，就能为他们提供所需的额外能力。一开始先将注意力放在他们身上，而不是自己身上。

2. 与其他人共同学习。

就像本书前文所述，在埃塞俄比亚和肯尼亚，驾驶汽车在路上行驶的方式不一样，每家公司也以不同的方式在道路上行驶，你需要向公司的其他人学习如何避免撞车。

但在危机中，你仿佛跳入了一辆正在行驶的汽车，与一群人在一个他们一无所知的国家的新道路上加速前进，同时试图找到行驶的方向。他们不会为了让你了解道路规则而减速。你们需要共同学习。不要提出向他们学习的要求。你需要与他们一起学习。

3. 随时间的推移展现你的领导能力。

有效的危机领导力的核心是反复进行以下步骤，每一步都以你的目标（使命、愿景、价值观）为导向。

1. 从有形的、情感的、名誉的、政治的和财务的角度重新审视新的形势和情景。

2. 就近期的目标和意图达成共识。请记住，首先关注人身安全，其次关注声誉安全，第三关注财务安全。

3. 为你可能要做的事情制定方案。

4. 预测每个方案的风险加权结果。

---

① 赫尔曼·B.达奇·伦纳德等人:《领导者应对新冠感染的危机管理》(*Crisis Management for Leaders Coping with Covid-19*)，哈佛大学肯尼迪政治学院危机领导计划，2020 年 4 月。

5. 选择要优先考虑的方案。

6. 对于每一个优先事项，明确一个负责任的领导者，以及什么时候由谁用什么资源完成什么。

7. 执行、跟踪和重复。

在危机中，所有人都在努力寻找解决办法。提出有力的问题比假装知道答案更有价值。通过重复这些步骤来展示你的领导能力，在这个过程中，你会掌握更多信息，明确不断变化的岗位和期望，并且赢得他人的信任。

按照四个阶段进行思考：倾听并满足他人对你的需求；为讨论提供意见；提出建议；作决策——通过前三个阶段的工作获得决策的权利以后。

选择从一个阶段到另一个阶段过渡的时机，这是一门艺术，而不是科学。让你与上司和团队成员的关系的演变为你指引方向。

● 小结与启示

要领导团队度过危机，需要激励他人，为他人赋能与赋权，速战速决，然后在这一过程中不断调整——明确方向、领导力与职能。这个过程需要三个步骤。

1. **提前准备**。提前准备能够培养信心。仔细思考你自己的危机管理方案。提前准备资源，挑选并培训危机管理团队。

2. **快速应对**。利用提前准备的资源，在当下快速灵活地做出反应。因此，管理层需要具备一定的勇气，让人们在没有过度监督的情况下，尽早完成他们准备做的事情。但重要的是向响应人灌输"及早寻求帮助"而不是"等到不堪重负时再求救"的态度。[1]

---

[1] 克里斯·赛杰（Chris Saeger），美国红十字会讨论会，2010 年 5 月。

3. 弥补差距。 弥补理想状态与现状、响应能力和预防的差距，支持团队成员执行以目标为驱动、以优先事项为重点的计划，同时收集更多信息。

本 | 章 | 小 | 结

领导组织度过危机：100 小时行动计划

要领导团队度过危机，需要激励他人，为他人赋能与赋权，速战速决，然后在这一过程中不断调整——明确方向、领导力与职能。

你可以通过符合组织总体目标的严格迭代的三个步骤，领导组织度过危机。

1. 提前准备。 如果你能准确预测可能发生的情况，并做好充分的准备，那么当危机来临时，你就有足够的信心面对它。

2. 快速应对。 提前准备是为了能够快速灵活地应对你所面临的情况。不要过度思虑。做你准备做的事。

3. 弥补差距。 在危机中，理想与现实之间难免会有差距。通过弥补以下方面的差距加以矫正。

·现状——执行应对当前危机的措施。

·应对——提高应对未来危机的能力。

·预防——首先降低未来危机发生的风险。

在这一过程中，要始终牢记最终目标。在领导组织度过危机而不仅仅是走出危机，在此期间，最终目标能够为你在短期、中期和长期内所做的一切提供方向和框架。

　　危机会改变你的组织。确保你在危机中所做的选择能够改变你，使你朝着目标与理想的文化前进，避免偏离你的核心愿景与价值观。

致谢

与其说本书由我们所著，不如说它由我们发掘。从很大程度上来说，它是很多领导者在新岗位上完成过渡后的产物，被这种过渡期所影响的人们又对我们产生了影响。在职业生涯中，我们通过实践、观察以及与各级领导者（包括上司、教练、同事、下属、合作伙伴和客户）的互动来学习。每一次PrimeGenesis①的互动结束时，我们都会提两个问题：哪些东西特别有价值？怎样才能提高它的价值？通过这两个问题，你将有意想不到的收获。

持续思考这些问题，并意识到上任之初是领导力面临严峻考验的时候，这将成为你手中的两大利器。如果应对不当，会给很多人造成不幸。如果应对得当，将产生惊人的效益，推动领导者、组织和团队的积极转变。

我们需要专门写一本书来感谢这些年来对我们产生积极影响的所有人。我们也必须感谢PrimeGenesis过去和现在的所有合作伙伴的贡献。他们的思想遍布本书的各个角落，因为我们每天的工作都离不开这些思想。

我们要特别感谢乔治·佩德拉萨（Jorge Pedraza），他是PrimeGenesis的联合创始人，也是本书前三版的合著者之一。

从很多方面来说，我们都要对PrimeGenesis的客户表示感谢。首先，我们必须承认，我们从客户那里学到的东西比他们从我们这里学到的更多。我们对客户信息完全保密，因此在涉及客户信息的故事中，我

---

① PrimeGenesis是一家致力于上岗计划执行与加速公司变革的组织。——译者注

们都隐去了个人姓名与公司名称。我们有幸能与如此多元化的客户合作，从跨国公司到小型公司，从上市公司到私营企业，从营利性组织到非营利性组织。与我们共事的高管来自世界各地的不同行业，几乎囊括了你能想到的所有学科。每一位客户都是我们的老师。他们时刻激励着我们，为我们提供指导，也向我们提出挑战，对此我们深表感激。

我们也要感谢来自世界各地的读者，他们积极采纳本书所提出的思想，这是我们不断更新本书的动力源泉。来自全球各地的众多读者每天都会通过网站下载工具，并与我们进行互动，从而真正地参与进来。感谢你们购买本书，使它为更多人所知，并与我们分享你们的想法、建设性的批评意见、成功的经验以及具有洞察力的问题。

非常感谢《福布斯》的编辑弗雷德·艾伦（Fred Allen），以及约翰·威利父子出版公司（John Wiley & Sons）的编辑理查德·纳拉莫尔（Richard Narramore）。他们帮助我们孕育了这些思想，并逐步推动我们将其完善。

最后要感谢我们的亲朋好友，对于你们一直以来所给予的鼓励与支持，我们深表感激。